Mente Zen,
Mente de Principiante

Esta caligrafia, de Shunryu Suzuki, significa "mente de principiante".

Mente Zen, Mente de Principiante

SHUNRYU SUZUKI

Editado por Trudy Dixon
com prefácio de Huston Smith
introdução de Richard Baker
e posfácio de David Chadwick

Tradução de Odete Lara

Palas Athena

Título original: *Zen Mind, Beginner's Mind*
Copyright © Weatherhill, Inc., Nova York e Tóquio. Primeira edição 1970

Grafia segundo o Acordo Ortográfico da Língua Portuguesa de 1990,
que entrou em vigor no Brasil em 2009.

Preparação de texto: *Graciela Karman*
Revisão técnica: *Vitor Pomar*
Lia Diskin
Revisão de provas: *Lucia Benfatti*
Therezinha Siqueira Campos
Adaptação de capa baseada
na nova edição original: *Jonas Gonçalves*
Produção da edição atualizada: *Tony Rodrigues*

Dados Internacionais de Catalogação na Publicação (CIP)
(Câmara Brasileira do Livro, SP, Brasil)

Suzuki, Shunryu
  Mente Zen, Mente de Principiante / Shunryu, Suzuki; editado por Trudy Dixon com prefácio de Huston Smith e introdução de Richard Baker; tradução de Odete Lara. São Paulo : Palas Athena, 1994.

  1. Zen-budismo I. Dixon, Trudy. II. Título.

ISBN-0-8348-0079-9 (Edição original)
ISBN 978-85-7242-006-8

94-2324   CDD-294.3927

Índices para catálogo sistemático:
1. Budismo Zen: Religião 294.3927
2. Zen-budismo: Religião 294.3927

13ª edição, maio de 2025

Todos os direitos reservados e protegidos
pela Lei 9610 de 19 de fevereiro de 1998.
É proibida a reprodução total ou parcial, por quaisquer meios,
sem a autorização prévia, por escrito, da Editora.

Direitos adquiridos para a língua portuguesa por
PALAS ATHENA EDITORA
fone/fax: (11) 3050-6188 **whatsapp** (11) 3050.6186
www.palasathena.org.br
editora@palasathena.org.br

A meu Mestre
Gyokujun So-On-Daiosho

ÍNDICE

Prefácio, de Huston Smith 3
Prefácio à Edição Brasileira, de Odete Lara 6
Introdução, de Richard Baker 12
Prólogo: Mente de Principiante 19

PARTE I PRÁTICA CORRETA
Postura 23
Respiração 27
Controle 30
As Ondas Mentais 32
As Ervas Daninhas da Mente 34
O Cerne do Zen 36
Não Dualismo 39
Reverência 42
Nada Especial 45

PARTE II ATITUDE CORRETA
O Caminho-Uno 51
Repetição 53
Zen e Empolgação 55
Esforço Correto 57
Sem Deixar Rastros 60
O Dar de Deus 63
Erros na Prática 67
Limitando sua Atividade 70

Estudar a Si Mesmo 72
Polir uma Telha 75
Constância 79
Comunicação 82
Negativo e Positivo 86
Nirvana, a Queda D'água 88

PARTE III COMPREENSÃO CORRETA
O Espírito Tradicional 95
Impermanência 98
A Qualidade do Ser 101
Naturalidade 104
Vacuidade 106
Estar Alerta – Estar Consciente 110
Acreditando no Nada 112
Apego e Não Apego 115
Quietude 118
Experiência, não Filosofia 120
Budismo Original 122
Além da Consciência 124
Iluminação do Buda 128

Epílogo: Mente Zen 131
Posfácio, de David Chadwick 137

Prefácio

Dois Suzukis. Meio século atrás, num transplante equivalente em importância histórica às traduções latinas de Aristóteles no século XVIII, e às de Platão no século XV, Daisetz Suzuki trouxe o Zen para o Ocidente. Cinquenta anos mais tarde, Shunryu Suzuki realizou algo de quase igual importância. Neste seu único livro, ele tocou aquela nota sequente que os americanos interessados no Zen necessitavam ouvir.

Enquanto o estilo Zen de Daisetz Suzuki era dramático, o de Shunryu Suzuki é simples. O ponto axial de Daisetz era o *satori*,* e em grande parte foi o fascínio por esse extraordinário estado mental que tornou seus livros tão atraentes. No livro de Shunryu Suzuki as palavras *satori* e *kensho* (estado mental aproximado ao do *satori*) nunca aparecem.

Quando, quatro anos antes de sua morte, tive oportunidade de perguntar-lhe por que o *satori* não figurava em seu livro, sua esposa, inclinando-se para mim, cochichou com ar travesso: "É que ele nunca o experimentou"; Roshi, então, fingindo consternação, cutucou-a com o leque e colocando o indicador sobre os lábios, sussurrou-lhe: "Shhhhh! Não conte a ele!". Quando nossos risos se apagaram, ele disse: "Não é que o *satori* careça de importância, mas não é a parte do Zen que necessita ser acentuada".

Suzuki-roshi esteve conosco na América por apenas 12 anos – um único ciclo, segundo o modo oriental de contar os anos por dúzias – mas foram o suficiente. Graças ao empenho deste

---

* Satori: a experiência da iluminação.

homem miúdo e silencioso, existe hoje uma organização do Soto Zen em pleno florescimento em nosso continente. Sua vida representou tão perfeitamente o Caminho Soto que o homem e o Caminho se fundiram. "Sua atitude isenta de ego não deu margem a excentricidades nem fantasias. Ainda que como personalidade, no sentido mundano, ele não tenha provocado ondas nem deixado traços, a marca de suas pegadas segue uma linha reta no invisível caminho da história".* Seus monumentos são o primeiro mosteiro Soto Zen no Ocidente, o Zen Mountain Center em Tassajara, seu anexo na cidade, o Zen Center de San Francisco, e, para o público em geral, este livro.

Sem deixar nada ao acaso, ele preparou seus estudantes para o momento mais difícil, quando sua presença visível desaparecesse no vazio: "Se, na hora de morrer, eu sofrer, está tudo bem. Vocês sabem; é sofrimento de Buda. Nada mais que isso. Quiçá, nesse momento, todos nos debatamos por causa da agonia física ou também da espiritual. Mas tudo isso está correto, não é um problema. Devemos ser gratos por ter um corpo limitado... como o meu ou como o de vocês. Se tivéssemos uma vida ilimitada, isso sim seria um verdadeiro problema".

E assegurou a continuidade de sua obra. Na cerimônia do Assento da Montanha, em 21 de novembro de 1971, ele designou Richard Baker como seu herdeiro no Darma. O câncer já estava avançado e ele só pôde acompanhar a procissão sustentado por seu filho. Mesmo assim, a cada passo, seu bastão golpeava o solo com o aço da determinação Zen refletida na serenidade de sua pessoa. Baker aceitou o manto com um poema:

> Este incenso
> Que guardei por longo, longo tempo,
> Eu ofereço com mão-nenhuma
> Ao meu Mestre, meu amigo, Shunryu Suzuki Daiosho,
> Fundador destes templos.

---

* De um tributo de Mary Farkas, em *Zen Notes*, Primeiro Instituto Zen da América, janeiro, 1972.

Não há medida para o que haveis feito.
Andando convosco na branda chuva de Buda
Nossos mantos se molham,
Mas nas folhas de lótus
Nenhuma gota permanece.

Duas semanas depois, o Mestre tinha se ido, e em seu funeral em 4 de dezembro, Baker-roshi falou à multidão ali congregada para render tributo:

"Não há caminho fácil para ser um mestre ou um discípulo, embora seja a maior alegria desta vida. Não há caminho fácil para quem vem a uma terra sem budismo e a deixa depois de trazer à luz muitos discípulos, monges e leigos bem adiantados no caminho, e de mudar a vida de milhares de pessoas neste país; não há caminho fácil para iniciar e nutrir um mosteiro, uma comunidade na cidade e centros de prática na Califórnia e muitos outros lugares dos Estados Unidos. Mas este 'caminho não fácil', esta obra extraordinária, era facilmente levada por ele que, da sua verdadeira natureza, deu-nos a nossa verdadeira natureza. Ele nos deixou tudo quanto um ser humano pode deixar, todo o essencial, a mente e o coração de Buda, o ensinamento e a vida de Buda. Ele está aqui em cada um de nós, se assim o quisermos."

Huston Smith
Professor de Filosofia do Massachusetts
Institute of Technology

Prefácio à Edição Brasileira

Longa e acidentada foi a história desta tradução.

Depois de ter vivido três anos no Zen Center de San Francisco, fui fazer um estágio em seu mosteiro, o Zen Mountain Center, em Tassajara, nas montanhas de Carmel Valley.

À rigidez de horários e disciplina consegui me adaptar depois de algumas semanas no mosteiro. Porém, o trabalho demasiado duro e rude – devido ao primitivismo da região – pesava além da conta sobre minha compleição física frágil, se comparada à robustez comum das mulheres e homens norte-americanos.

Para superar esse impasse tive a ideia, depois de algum tempo, de propor a Richard Baker, então Roshi do Zen Mountain Center, que meu horário de trabalho fosse preenchido com a tarefa de traduzir para o português o livro *Miracle of Mindfulness* do mestre Zen Thich Nhat Hanh. Sua leitura havia sido muito proveitosa para mim e acreditava que também o seria para meus compatriotas.

De mente bastante aberta, Baker-roshi compreendeu minha situação e, cauteloso em não abrir precedente, conseguiu uma forma de atender a minha solicitação sem contrariar as regras de trabalho do mosteiro: designou-me para a função de recepcionista na cabine" de entrada do mosteiro que, por estar num período de treinamento intensivo, raramente recebia visitantes.

Antes de oficializar esse acordo, no entanto, Baker-roshi levantou uma questão: "Está certo que queira traduzir esse livro de indiscutível valor mas, por que não o de Suzuki-roshi que foi o fundador deste mosteiro e seu único livro, *Zen Mind Beginner's Mind,* que está entre as mais procuradas obras budistas neste país assim como nos países em que já foi publicado?"

Sua pergunta não me apanhou desprevenida, pois eu mesma já tinha acalentado essa ideia, da qual desistira, e expliquei sinceramente a Baker-roshi a razão: "Ainda não estou preparada para traduzir *Zen Mind Beginner's Mind* e creio que, de certa forma, tampouco o leitor brasileiro o está para recebê-lo. Minha intuição diz que um texto mais simples e de mais fácil assimilação, além de ser mais próprio para o momento atual, preparará o terreno para *Zen Mind Beginner's Mind*". Baker-roshi, bastante generoso e ele próprio ardoroso admirador de Thich Nhat Hanh, concordou.

Quando a tradução ficou pronta, depois de alguns meses, enviei-a à Editora Vozes, no Brasil, que a publicou com o título *Para Viver em Paz* (atualmente na 15ª edição).

Depois de completar meio ano de estágio em Tassajara voltei à comunidade do Zen Center de San Francisco, onde pretendia continuar meu treinamento. Para poder pagar minha estada ali, como anteriormente, faria uma troca, em forma de serviços prestados à comunidade – no escritório, na cozinha ou onde quer que se fizesse necessário. Assim, aproveitava as poucas horas livres da noite para me dedicar, desta vez, à tradução de *Zen Mind Beginner's Mind*. Sendo uma obra bastante complexa, achei que estava caminhando a passos demasiado lentos. Propus então, como fizera em Tassajara, preencher meu horário de trabalho com a tradução. Mas Reb Anderson, na época responsável pelo treinamento ali, não achou conveniente abrir tal exceção, mesmo porque esse centro urbano não oferecia uma condição propícia como acontecera em Tassajara.

Quis conformar-me com a situação mas, depois de algumas semanas, fui acometida por terrível e permanente insônia, como acontece sempre que deixo de seguir a pista indicada pelo meu radar interior.

Procurei falar então com Yvone Rand para ouvir sua opinião. Monja ordenada pelo próprio Suzuki-roshi, de quem fora uma das primeiras discípulas, Yvone vivia agora com o marido e a filha numa casa de campo próxima a Green Gulch Farm – comunidade rural adjunta ao Zen Center, a apenas 50 quilômetros, na região de Mill Valley. Além de pertencer à diretoria do Green Gulch Farm, onde atuava como mestra e palestrante, Yvone trabalhava junto a *hospices* dando assistência espiritual a doentes terminais e orientando as famílias para que lhes dessem atendimento conscencioso e humano em lugar de relegá-los aos áridos cuidados hospitalares. Isso aliviava o sofrimento de quem partia e, ao mesmo tempo, propiciava aos que ficavam maior entendimento da vida por haverem presenciado o processo da morte.

Depois de alguns dias de esclarecedora e amistosa conversa, Yvone chamou-me para uma grata notícia. Seu marido, o advogado William W. Sterling, era fundador de uma instituição sem fins lucrativos – a Callipeplon Society – destinada à preservação da cultura tibetana e, por estar a divulgação do budismo no Ocidente enquadrada em seus propósitos, a da Fundação se dispunha, pelo menos por alguns meses, a custear minha estadia no Zen Center, desde que me dedicasse à tradução de *Zen Mind Beginner's Mind* em tempo integral. Foi o que de bom grado passei a fazer.

Alguns meses mais tarde, no início de 1984, tive que retornar ao Brasil. Presa a inúmeras obrigações, inevitáveis após uma ausência de quatro anos no exterior, e sem contar mais com a ajuda da Callipeplon Society, dei continuidade à tradução apenas esporadicamente, na medida em que a luta pela sobrevivência o permitia.

Tempos depois, quando estava prestes a terminá-la, soube que um praticante brasileiro, pertencente ao grupo Zen de Belo Horizonte, Sr. Fernando de Mello Guedes, por conta própria também havia traduzido o livro sem saber de meu comprometimento com a mesma tarefa. Como proceder eticamente diante da situação?

Entrei em contato telefônico com o Sr. Mello Guedes, que ainda não conhecia, e depois de várias conversações chegamos a um comum acordo: ele enviaria seus originais e eu os compararia aos meus, o que propiciaria uma lapidação do texto, além de eu fazer uso da última parte de sua tradução – o epílogo – já que eu mesma ainda não o havia terminado. Dessa forma, seu nome seria incluído no trabalho desta tradução, o que ora faço ainda que ele próprio não o tenha requerido.

Mas as complicações não cessaram por aí.

Conforme o combinado com Richard Baker, uma vez finda a tradução, deveria ser-lhe enviada para devido exame e aprovação. Foi o que fiz ao terminá-la, por volta de 1987.

Um ano já havia transcorrido até receber notícias. Em sua carta, Richard Baker explicava a demora informando que de início submetera o texto à revisão do Sr. Antonio Feijó, professor de Filosofia e Literatura Portuguesa e Inglesa na Universidade de Lisboa e, por acaso, seu genro. Mas que este, depois de examinar o texto achou por bem passá-lo ao Sr. Vitor Pomar, que julgava mais apto para esse trabalho visto ser o Sr. Pomar um reconhecido entendedor de budismo em Portugal, além de famoso pintor e conhecedor do idioma inglês. Em anexo à sua carta, Baker devolvia os originais que eu lhe havia enviado com todas as anotações feitas pelo Sr. Vitor Pomar.

Ao examinar as correções verifiquei que algumas se deviam ao fato de eu, em minha ignorância, ter me arvorado a fazer ligeiras adaptações em certos trechos mais complexos para facilitar o entendimento do leitor – o que, só então fiquei sabendo, é uma atitude permitida apenas com prévia autorização do autor ou do responsável pelos direitos autorais. De maneira que as correspondentes correções foram efetuadas ao pé da letra. Verifiquei, entretanto, que a maior parte das outras correções se devia não a falha interpretativa mas tão somente à diferente forma de expressão ou de redação. De qualquer modo, desde que beneficiassem a clareza e fidelidade ao original, as sugestões seriam acatadas.

Passada a limpo pela gentil colaboração datilográfica de Majô Perez, essa segunda versão foi enviada a Richard Baker que, em viagem de ensino pela Europa, só se manifestou após seu retorno aos Estados Unidos, muitos meses depois. Comunicava-me que o Sr. Vitor Pomar, impedido de fazer essa segunda revisão por ter de se ausentar de Portugal, lhe sugerira que fosse feita por outro acadêmico português, de sua confiança, cujo nome lhe recomendara. Acrescentava Baker em sua missiva que estava em vias de tomar tal providência após a qual, acreditava, o livro estaria em vias de ser publicado.

Escrevi a Richard Baker opondo-me à ideia de submeter a nova revisão a outro português pois que isso resultaria em processo infindável, uma vez que, embora usem o mesmo idioma, brasileiros e portugueses expressam-se de diferentes formas tanto na linguagem falada quanto na escrita. Portanto, se outra revisão era necessária, que ela fosse feita desta vez por algum brasileiro categorizado. Acrescentei que Lia Diskin, cofundadora e presidente da Associação Palas Athena, formada em jornalismo com especialização em Crítica Literária, além de estudiosa de budismo, teria condições de indicar alguém para essa nova revisão. Portanto, daí em diante, eu deixava o destino da tradução entregue ao direto entendimento dele, Richard Baker, com Lia Diskin, adiantando que poderiam contar com minha anuência caso julgassem conveniente optar por uma nova tradução, feita por outra pessoa.

Numa comunicação telefônica algum tempo depois, Baker solicitou à própria Lia que fizesse a revisão técnica, tarefa que felizmente foi aceita por ela mas, devido ao acúmulo de suas atividades, teve de esperar vários meses para ser executada.

Acreditando-me já isenta de qualquer responsabilidade sobre a tradução, transcorriam os últimos meses de 1992, quando fui surpreendida pelo chamado de Lia solicitando que fosse a seu encontro para acompanhá-la na revisão. Viajei para São Paulo.

Nos três primeiros dias de trabalho achei que não me seria possível prosseguir. Parecia-me uma tortura ter que repassar de novo linha por linha aquelas frases tantas vezes remoídas, o que se somatizou numa permanente e insuportável enxaqueca.

Mas a situação inverteu-se no momento em que me dei conta de que o trabalho com Lia estava me proporcionando um valioso aprendizado. O esmero, o rigor, a responsabilidade com que ela punha em discussão qualquer minúcia conceitual ou interpretativa, sua inesgotável disposição e paciência de pesquisar em diferentes fontes até chegar ao termo preciso para qualquer nuance, sem jamais perder a leveza, o humor e a alegria, faziam-me entender, de uma vez por todas, que estas três últimas qualidades, tanto quanto as primeiras, têm que estar presentes para que qualquer atividade flua sem peso e a excelência aflore.

Evidentemente este apurado trabalho, que teve um mês de duração, recebeu a total aprovação de Richard Baker.

Enfim, aqui está a tradução que, ao todo, levou onze anos para chegar à publicação.

Espero que a convergência de tantas energias individuais trafegando pelo tempo e distâncias geográficas, tenha resultado num aprimoramento que faça jus ao valor desta obra.

Odete Lara
Nova Friburgo, Rio de Janeiro, 1994

Introdução

Para um discípulo de Suzuki-roshi, este livro representa a mente de Suzuki-roshi – não sua mente comum ou pessoal, mas sua mente Zen, a mente de seu mestre Gyokujun So-on-daio-sho, do mestre Dogen, de toda a sucessão, interrompida ou não, histórica ou mítica, de mestres, patriarcas, monges e leigos desde o Buda até os dias de hoje: a mente do próprio Buda, a mente da prática Zen. Mas, para a maioria dos leitores, este livro será um exemplo de como um mestre Zen fala e ensina. Será um livro de instrução sobre como praticar o Zen, sobre a vida Zen e sobre as atitudes e a compreensão que tornam possível a prática Zen. Através dele, todo leitor será estimulado a perceber sua própria natureza, sua própria mente Zen.

"Mente Zen" é uma dessas frases enigmáticas que os mestres Zen usam para fazer você se auto-observar, ir além das palavras e querer descobrir o que são a sua mente e o seu ser. Este é o propósito de todo ensinamento Zen – fazê-lo indagar e responder a esse questionamento com a mais profunda expressão de sua verdadeira natureza. A caligrafia na capa significa *nyorai,* em japonês, ou *tathagata* em sânscrito. Estes são nomes dados ao Buda e significam "aquele que seguiu o caminho", "que retornou daquilo que é", ou "que é o que é", "a vacuidade", "o totalmente completo". E o princípio básico que torna possível o aparecimento de um Buda. É a mente Zen. Quando Suzuki-roshi traçou essa caligrafia – usando como pincel a ponta desfiada de uma folha de iúca semelhante a uma espada, que cresce nas montanhas em torno do Zen Mountain Center –, disse: "Isto significa que o corpo da terra toda é *tathagata".*

A prática da mente Zen é a mente de principiante. A inocência da primeira pergunta – o que sou eu? – é necessária em toda a prática Zen. A mente do principiante é vazia, livre dos hábitos do experiente, pronta para aceitar, para duvidar e aberta a todas as possibilidades. É um tipo de mente que pode ver as coisas como elas são, que passo a passo e num lampejo é capaz de perceber a natureza original de tudo. Esta prática da mente Zen está presente ao longo de todo o livro. Diretamente ou, algumas vezes, por dedução, cada seção do livro faz referência à questão de como manter tal atitude durante a meditação e na vida diária. Este é um modo antigo de ensinar, que usa uma linguagem simples e as situações da vida cotidiana. Isto significa que o estudante deve ensinar a si próprio.

Mente de principiante é uma das expressões favoritas do mestre Dogen. A caligrafia do frontispício, também de Suzuki-roshi, significa *shoshin,* "mente de principiante". A forma Zen de caligrafia é escrever de modo direto e simples, com se você fosse um principiante, sem tentar fazer algo habilidoso ou bonito, mas apenas escrever com atenção, como se estivesse descobrindo o que está escrevendo pela primeira vez; então, a sua natureza inteira estará na escrita. Esta é a maneira de praticar, momento após momento.

Este livro foi concebido e iniciado por Marian Derby, uma discípula muito próxima de Suzuki-roshi e organizadora do grupo Zen de Los Altos. Suzuki-roshi participava das práticas de *zazen** deste grupo uma ou duas vezes por semana, e, após cada período de meditação, falava aos participantes encorajando-os em sua prática e auxiliando-os a resolver seus problemas. Marian gravou estas palestras e logo viu que, com o desenvolvimento do grupo, as falas adquiriam uma continuidade e desenvolvimento que poderiam funcionar também como livro e constituir um registro mais do que necessário do notável espírito e ensinamento de Suzuki-roshi. A partir das transcrições das palestras feitas no decorrer de vários anos, ela montou o primeiro rascunho deste livro.

**Zazen:* prática de meditação. (N. da T.)

Foi então que Trudy Dixon, outra discípula muito achegada a Suzuki-roshi, com grande experiência na edição da revista *Wind Bell,* publicada periodicamente pelo Zen Center, editou e organizou o manuscrito para ser publicado. Explicar por que não é tarefa fácil editar este tipo de livro, ajudará o leitor a entendê-lo melhor. Suzuki-roshi emprega o método mais difícil, porém persuasivo, para falar sobre budismo – em termos da vida cotidiana das pessoas – procurando espremer todo o ensinamento em afirmações tão simples quanto "tome uma xícara de chá". O editor deve perceber as implicações contidas em tais afirmações para que, em nome da clareza ou da gramática, não seja prejudicado o real significado das lições. Além disto, sem conhecer bem Suzuki-roshi e ter estudado com ele, é fácil mutilar, pelas mesmas razões, a compreensão básica representada pela sua personalidade, energia ou vontade. O editor também corre o perigo de não levar em conta a mente mais profunda do leitor que, para se conhecer, precisa da repetição, da lógica aparentemente obscura e da poesia. Passagens que à primeira vista resultam obscuras ou óbvias são com frequência iluminadoras quando lidas com cuidado, e levam-nos a indagar por que este homem diria tal coisa.

Além do mais, a edição se complica pelo fato de o idioma inglês ser profundamente dualístico em seus pressupostos básicos e não ter tido a oportunidade, por séculos, de desenvolver uma forma de expressar as ideias não dualistas do budismo, como o fez o japonês. Suzuki-roshi emprega livremente estes vocabulários culturais diferentes, expressando-se num estilo que combina o modo japonês de pensar – atributivo de sentimentos – com o modo ocidental – de ideias específicas – o que faz perfeito sentido poético e filosófico para os ouvintes. Porém, nas transcrições perdem-se as pausas, o ritmo e a ênfase que dão às palavras seu significado mais profundo e mantêm os pensamentos unidos. Por isso, Trudy teve que trabalhar muitos meses sozinha e com Suzuki-roshi para preservar os termos e o sabor originais, e ainda assim produzir um manuscrito em inglês compreensível.

Trudy dividiu o livro, conforme a ênfase, em três seções – Prática Correta, Atitude Correta e Compreensão Correta – que correspondem, *grosso modo,* a corpo, sentimento e mente. Também escolheu os títulos das palestras e as epígrafes que os acompanham, extraindo-os do próprio texto das palestras. A escolha é um tanto arbitrária, mas ela o fez para estabelecer certa tensão entre as diversas seções, títulos, epígrafes e as próprias palestras. A relação entre as palestras e esses elementos adicionais ajudará o leitor a explorar mais a fundo a lição. A única palestra que não foi originalmente dada ao grupo de Los Altos é o Epílogo, condensação de duas palestras pronunciadas quando o Zen Center se mudou para sua nova sede em San Francisco.

Pouco depois de terminar a revisão deste livro, Trudy morreu de câncer aos 30 anos. Deixou dois filhos, Annie e Will, e o marido Mike, pintor. Mike contribuiu com o desenho da mosca (página 48). Estudioso do Zen por muitos anos, quando lhe foi solicitado desenhar algo para o livro, ele disse: "Não posso fazer um desenho Zen. Não posso fazer um desenho por qualquer outra razão que não a de meramente desenhar. Não consigo me ver desenhando um *zafu* (almofada para meditação), um lótus ou algo semelhante. Entretanto, posso visualizar esta ideia". Nas pinturas de Mike aparece amiúde uma mosca realista. Suzuki-roshi gosta muito da rã que se senta tão imóvel que parece estar dormindo, mas na verdade está bastante alerta para perceber todo inseto que se aproxima. Talvez a mosca esteja à espera da rã.

Trudy e eu trabalhamos juntos em várias fases do livro, e ela pediu-me para completar a revisão, escrever a introdução e providenciar a publicação. Após considerar vários editores, achei que John Weatherhill, Inc., através da Meredith Weatherby e Audie Bock, era capaz de aprimorar, projetar e publicar este livro exatamente como deveria sê-lo. Antes da publicação, o manuscrito foi lido pelo professor Kogen Mizuno, chefe do Departamento de Estudos Budistas da Universidade de Komazawa, eminente estudioso do budismo indiano e a quem devemos um generoso auxílio na transliteração dos termos sânscritos e japoneses budistas.

Suzuki-roshi nunca fala de seu passado, mas consegui saber que foi discípulo de Gyokujun So-on-daiosho, um dos principais mestres do Soto Zen da época. É claro que teve também outros mestres, um dos quais enfatizava a compreensão profunda e cuidadosa dos sutras. O pai de Suzuki-roshi era também um mestre Zen e, ainda menino, Suzuki começou seu aprendizado sob a orientação de Gyokujun, discípulo de seu pai. Suzuki foi reconhecido como mestre Zen ainda bem jovem, penso que por volta dos 30 anos. No Japão era responsável por muitos templos e um mosteiro, tendo o encargo de reconstruir vários outros templos. Durante a Segunda Guerra Mundial foi líder de um grupo pacifista do Japão. Quando jovem quis vir para os Estados Unidos; mas já tinha desistido da ideia quando um amigo o convidou a ir a San Francisco por dois ou três anos para dirigir a congregação japonesa do budismo Soto.

Em 1958, aos 53 anos, veio para os Estados Unidos. Depois de adiar seu retorno repetidas vezes, decidiu permanecer nos Estados Unidos. Ficou porque descobriu que os americanos têm mente de principiante, têm poucas ideias preconcebidas sobre o Zen, são bastante receptivos a ele e confiam em que possa ajudá-los a viver. Achou que questionam o Zen de uma forma que dá vida ao Zen. Logo após sua chegada, diversas pessoas se acercaram perguntando-lhe se podiam estudar Zen com ele. Suzuki-roshi disse que praticava *zazen* toda manhã bem cedo e que podiam reunir-se a ele se quisessem. A partir de então, um grupo Zen bastante grande se formou ao seu redor – agora em seis localidades da Califórnia. No momento ele passa a maior parte do tempo no San Francisco Zen Center, em Page Street nº 300, onde residem cerca de sessenta estudantes e onde muitos mais praticam *zazen* regularmente, e no Zen Mountain Center, em Tassajara Springs, acima de Carmel Valley. Este último é o primeiro mosteiro Zen nos Estados Unidos e ali vivem e praticam por períodos de três meses ou mais, aproximadamente outros sessenta estudantes.

Trudy achou que compreender os sentimentos dos estudantes Zen em relação a seu mestre contribuiria mais do que qualquer coisa para ajudar o leitor a entender estas palestras. O que o mestre realmente oferece ao estudante é literalmente a prova viva de que todos esses propósitos e metas, que parecem impossíveis, podem ser realizados ainda nesta vida. Quanto mais você aprofunda sua prática, mais se apercebe do que a mente de seu mestre é, até ver finalmente que a sua mente e a do seu mestre são a mente de Buda. E descobre que o *zazen* é a mais perfeita expressão de sua verdadeira natureza.

O seguinte tributo de Trudy ao seu mestre descreve muito bem a relação entre o mestre Zen e o estudante Zen:

"Um *Roshi* (abade mor) é alguém que realizou aquela perfeita liberdade que existe em potencial em todo ser humano. Ele existe livre na plenitude de todo seu ser. O que flui na sua consciência não são os padrões repetitivos de nossa consciência comum egocentrada, mas sim o que emerge espontânea e naturalmente das circunstâncias reais do presente. Os resultados disto, em termos de qualidade de vida, são extraordinários – leveza, vigor, retidão, simplicidade, humildade, serenidade, alegria, sagaz perspicácia e imensa compaixão. Todo seu ser dá testemunho do que significa viver a realidade do presente. Sem que nada seja dito ou seja feito, o simples impacto de encontrar uma personalidade tão desenvolvida basta para mudar toda a vida de outra pessoa. Mas, no fim, não é a excepcionalidade do mestre que deixa perplexo, intriga e torna profundo o estudante, e sim sua total simplicidade. Por ser apenas ele mesmo é que se torna um espelho para o estudante. Em sua presença percebemos nossas próprias forças e fraquezas sem que haja qualquer elogio ou crítica de sua parte. Diante dele vemos nossa face original, e o que de extraordinário vemos é apenas nossa verdadeira natureza. Quando aprendemos a deixar livre nossa própria natureza, as fronteiras entre mestre e discípulo desaparecem num profundo fluxo de ser e alegria no desabrochar da mente Buda".

Richard Baker
Kyoto, 1970

Prólogo

Mente de Principiante

"Há muitas possibilidades na mente do principiante, mas poucas na do perito."

As pessoas dizem que é difícil praticar Zen, mas há um mal-entendido quanto ao "porquê". Não é difícil porque seja árduo sentar-se de pernas cruzadas ou atingir a iluminação. É difícil porque é árduo manter a mente pura ou a prática pura em seu sentido fundamental. A escola Zen desenvolveu-se de muitas maneiras depois de estabelecida na China mas, ao mesmo tempo, tornou-se cada vez mais impura. Contudo, não é sobre o Zen chinês ou sobre a história do Zen que eu quero falar. O que me interessa é ajudar você a manter sua prática livre da impureza.

No Japão, dispomos do termo *shoshin,* que significa "mente de principiante". O objetivo da prática é conservar nossa "mente de principiante". Suponhamos que você recite o *Prajna Paramita Sutra* uma só vez. Poderia ser uma boa recitação. Mas o que lhe acontecerá se o recitar duas, três, quatro ou mais vezes? Você poderia facilmente perder sua atitude original em relação a ele. O mesmo acontecerá com suas outras práticas Zen. Por algum tempo você manterá sua mente de principiante, porém, se continuar a prática um, dois, três anos ou mais, embora você possa melhorar em alguns aspectos, é possível que perca o sentido ilimitado da "mente original".

Para os estudantes do Zen, o mais importante é não serem dualistas. Nossa "mente original" inclui em si todas as coisas. Ela é sempre rica e autossuficiente. Você não deve perder esse estado mental autossuficiente. Isto não significa uma mente fechada e sim, na verdade, uma mente vazia e alerta. Se sua mente está vazia, está pronta para qualquer coisa; ela está aberta a tudo. Há muitas possibilidades na mente do principiante, mas poucas na do perito.

Se você discrimina demais, você se limita. Se é exigente ou ambicioso em excesso, sua mente não é rica nem autossuficiente. Se nossa mente perder sua autossuficiência original, todos os preceitos se perderão. Quando sua mente se torna exigente, quando você anseia por algo, você acaba por violar os preceitos: não mentir, não roubar, não matar, não ser imoral e assim por diante. Se você conservar sua mente original, os preceitos se manterão por si próprios.

Na mente do principiante não há pensamentos do tipo "eu alcancei algo". Todos os pensamentos egocentrados limitam a vastidão da mente. Quando não alimentamos pensamento nenhum de conquista, nem pensamentos egocentrados, somos verdadeiros principiantes e podemos então aprender alguma coisa de fato. A mente do principiante é mente de compaixão. Quando nossa mente é compassiva, torna-se ilimitada. O mestre Dogen, fundador da nossa escola, sempre enfatizou a importância de preservar nossa mente original ilimitada. Com ela somos verdadeiros conosco, estamos em comunhão com todos os seres e podemos, de fato, praticar.

Assim, a coisa mais importante é manter sua "mente de principiante". Não há necessidade de ter uma profunda compreensão do Zen. Mesmo que você leia muita literatura Zen, deve ler cada frase com uma mente virgem. Nunca deve dizer: "Eu sei o que é Zen" ou "eu atingi a iluminação". O real segredo das artes também é esse: ser sempre um principiante. Seja muito cuidadoso nesta questão. Se começar a praticar *zazen,* você começará a valorizar sua mente de principiante. Este é o segredo da prática do Zen.

Primeira Parte

Prática correta

"A prática do zazen é a expressão direta de nossa verdadeira natureza. A rigor, para um ser humano não há outra prática além desta, nem outra maneira de viver a não ser esta."

Postura

"A postura não é um meio de obter o estado mental correto. Colocar-se na postura já é o estado mental correto. Não há necessidade de buscar um estado especial da mente."

Hoje, eu gostaria de falar sobre a postura *zazen*. Quando você se senta na posição de lótus completo, seu pé esquerdo fica sobre sua coxa direita, seu pé direito, sobre a coxa esquerda. Ao cruzarmos as pernas desse jeito, embora tenhamos uma perna esquerda e outra direita, elas se tornam uma só. A postura expressa a unidade da dualidade: nem dois, nem um. Este é o ensinamento mais importante: nem dois, nem um. Nosso corpo e mente não são dois, nem um. Se você pensa que seu corpo e mente são dois, está errado. Se pensa que são um, também está errado. Nosso corpo e mente são dois e um ao mesmo tempo. Habitualmente, pensamos que se algo não é um, é mais do que um; que se algo não é singular, é plural. Mas, na prática, nossa vida não é só plural, é também singular. Cada um de nós é duas coisas ao mesmo tempo: dependente e independente.

Depois de viver certo número de anos, morremos. É errado pensar que isto seja o fim de nossa vida. Mas, por outro lado, achar que não morremos também está errado. Morremos e não morremos. Este é o entendimento correto. Alguns podem dizer que nossa mente, ou alma, existe para sempre e que é apenas nosso corpo físico que morre. Isso não é bem assim porque ambos, corpo e mente, têm fim. Mas, também é verdade que ambos existem eternamente. Embora se diga corpo e mente, eles são de fato dois lados da mesma moeda. Este é o entendimento correto. Assim, a postura *zazen* simboliza essa verdade. Quando meu pé esquerdo está sobre o lado direito de meu corpo e o pé direito sobre o lado esquerdo, eu não sei qual é qual. Tanto pode ser um como outro.

A coisa mais importante na postura *zazen* é manter a coluna reta. Orelhas e ombros devem ficar alinhados. Relaxe os ombros e estique a parte superior da cabeça em direção ao teto. O queixo deve ficar ligeiramente recuado para dentro. Quando o queixo está erguido, você não tem firmeza na postura, com o que é provável que sua mente se ponha a vaguear. Assim, para reforçar sua postura, pressione o diafragma para baixo, em direção ao seu *hara** ou parte baixa do abdome. Isso o ajudará a manter o equilíbrio físico e mental. Ao tentar manter essa postura, poderá encontrar alguma dificuldade inicial em respirar de maneira natural, mas quando se acostumar a ela será capaz de respirar normal e profundamente.

Suas mãos devem formar o *mudra*** cósmico. Se puser o dorso da mão esquerda sobre a palma da direita, as juntas dos dedos médios encostadas umas sobre as outras, as pontas dos polegares tocando-se levemente (como se estivessem segurando uma folha de papel), suas mãos formarão um belo oval. Mantenha esse *mudra* cósmico, com todo cuidado, como que segurando algo precioso. Suas mãos devem estar junto ao corpo, de forma que os polegares fiquem à altura do umbigo. Mantenha os braços livres e relaxados, ligeiramente afastados do tronco, como se estivessem segurando um ovo em cada axila, sem quebrá-lo.

Não deve inclinar-se para os lados) nem para a frente, nem para trás. Deve ficar sentado bem reto, como se estivesse sustentando o céu sobre a cabeça. Isto não é apenas postura ou respiração. Isto expressa o ponto chave do budismo. É uma expressão perfeita da sua própria natureza búdica. Se você busca a verdadeira compreensão do budismo, tem de praticar deste modo. Estas formas não são meios para obter um estado mental correto.

---

* *Hara:* parte do abdome logo abaixo do umbigo. (N. da T.)
** *Mudra:* postura de mãos. (N. da T.)

Assumir a postura já é, em si, o propósito da nossa prática. Ao se colocar nessa postura, sua mente fica naturalmente em estado correto; portanto, não há necessidade de buscar um estado especial da mente. Quando você tenta obter algo, sua mente começa a divagar por outros lugares. Quando você não se ocupa em obter algo, seu corpo e sua mente permanecem juntos, presentes onde você está. Um mestre Zen diria: "Mate o Buda". Isto é, mate o Buda se ele existe em algum outro lugar. Mate o Buda porque é você que deve reaver sua própria natureza búdica.

Fazer algo é expressar nossa natureza. Não existimos por nenhuma outra razão senão a de sermos nós mesmos. Esse é o ensinamento fundamental, expresso nas formas que observamos. Por exemplo, quando nos sentamos ou ficamos em pé no *zendô*,* seguimos certas regras. O propósito dessas regras não é fazer com que todos sejam iguais e sim permitir que cada um expresse o seu próprio eu mais livremente. Por exemplo: cada um de nós tem sua própria maneira de ficar em pé – nossa postura em pé é baseada na proporção do nosso corpo. Quando estiver em pé, seus calcanhares devem ficar separados um do outro a uma distância que corresponda à medida de seu punho: os dedões dos pés devem ficar alinhados com os mamilos. Assim como no *zazen*, temos que pôr alguma força no abdome. Aqui também suas mãos devem expressar o que você é. Ponha a mão esquerda contra o peito, com os dedos circundando o polegar, e a mão direita sobre ela. Colocando o polegar esquerdo apontado para baixo e os antebraços em linha paralela ao chão, você se sentirá firme como se estivesse seguro a uma grande coluna de um templo, sem possibilidade de encolher-se ou pender para os lados.

O mais importante é estar de posse do próprio corpo físico. Se você se encolhe, está se perdendo de si mesmo. Sua mente estará divagando alhures; você não estará presente em seu corpo. Não é assim que deve ser. Nós temos que existir no aqui e agora.

---

* *Zendô:* recinto onde se realizam os rituais e as práticas de *zazen*. (N. da T.)

Este é o ponto-chave. Você tem que estar de posse de seu corpo e mente. Tudo deve existir no lugar certo e de maneira certa. Então não há problemas. Se o microfone que eu uso quando falo estiver colocado em outro lugar, ele não estará servindo ao seu propósito. Quando nosso corpo e mente estão em ordem, tudo o mais está no seu devido lugar, de forma certa.

Usualmente, sem que tenhamos consciência disso, tentamos mudar as coisas em vez de mudar a nós mesmos; tentamos arrumar as coisas que estão fora de nós. Mas é impossível ordenar as coisas se você mesmo não está em ordem. Quando você faz as coisas de forma certa, no momento oportuno, tudo o mais se organiza. Você é o chefe. Quando o chefe está dormindo, todos dormem. Quando ele faz algo bem feito, todos os demais o fazem igualmente bem e no tempo certo. Este é o segredo do budismo. Portanto, procure manter a postura correta, não apenas quando pratica *zazen* mas em todas as suas atividades. Adote a postura certa quando estiver dirigindo um carro ou quando estiver lendo. Se você lê numa posição displicente, não pode ficar lúcido por muito tempo. Experimente. Você descobrirá como é importante manter a postura correta. Este é o ensinamento verdadeiro. Ensinamentos escritos no papel não são verdadeiros ensinamentos, são alimento para o cérebro. Claro que é preciso alimentar o cérebro; porém, o mais importante é ser você mesmo praticando a forma correta de viver.

Eis por que o Buda não pôde aceitar as religiões que existiam na sua época. Ele estudou várias religiões mas não ficou satisfeito com suas práticas. Não encontrou respostas no ascetismo ou nas filosofias. Ele não estava interessado nos aspectos metafísicos da existência, e sim em seu próprio corpo e sua própria mente no aqui e agora. E quando encontrou a si mesmo, descobriu que tudo quanto existe tem natureza búdica. Essa foi sua iluminação. Iluminação não é uma sensação agradável ou algum estado particular da mente. O estado da mente que existe quando você se senta em postura correta é, por si só, iluminação. Se você não está satisfeito com o estado da mente que tem no *zazen,* significa que sua mente está divagando por aí afora.

E nosso corpo e nossa mente não devem oscilar nem vaguear. Nessa postura, não há por que falar em estado correto da mente. Você já o possui. Esta é a conclusão do budismo.

Respiração

"Aquilo que chamamos 'eu' nao é mais do que uma porta de vaivém, que se move quando inalamos e quando exalamos."

Quando praticamos *zazen,* nossa mente sempre segue a respiração. Quando inalamos, o ar entra em nosso mundo interior. Quando exalamos, o ar sai para o mundo exterior. O mundo interior não tem limites e o mundo exterior também é ilimitado. Nós dizemos "mundo interior" e "mundo exterior", mas, na verdade, só há um único mundo. Nesse mundo sem limites, a garganta é uma espécie de porta de vaivém. O ar entra e sai como alguém passando por uma porta de vaivém. Se você pensa "eu respiro", o "eu" está a mais. Não há um você para dizer "eu". O que chamamos "eu" é apenas uma porta de vaivém que se move quando inalamos e exalamos. Ela simplesmente se move, eis tudo. Quando sua mente está pura e calma o suficiente para seguir esse movimento, não há nada: nem "eu", nem mundo, nem mente, nem corpo. Só uma porta que vai e vem.

Assim, quando praticamos *zazen,* tudo o que existe é o movimento da respiração e, no entanto, estamos cônscios desse movimento. Não devemos nunca nos distrair. Mas estar consciente do movimento não significa estar consciente do eu pequeno, e sim da nossa natureza universal, ou natureza de Buda. Esta consciência é muito importante porque em geral somos unilaterais. Nossa compreensão habitual da vida é dualista: você e eu, isto e aquilo, bom e mau. Na realidade, tais discriminações são, elas próprias, a consciência da existência universal. "Você" significa estar consciente do universo na forma de você, e "eu" significa estar consciente do universo na forma de eu.

Você e eu somos portas de vaivém. É necessário este tipo de compreensão; porém, nem sequer deveria chamar-se compreensão já que é, isto sim, a verdadeira experiência da vida através da prática do Zen.

Assim, quando você pratica *zazen,* não há ideia de tempo e espaço. Você pode dizer: "Começamos o *zazen* neste recinto às quinze para as seis". Portanto, você tem alguma ideia de tempo (quinze para as seis) e alguma ideia de espaço (neste recinto). Na verdade, o que você está fazendo é apenas sentar-se cônscio da atividade do universo. É tudo. Neste momento, a porta de vaivém se abre numa direção, e no momento seguinte ela se abrirá na direção oposta. Momento a momento, cada um de nós repete essa atividade. Aí não há ideia nem de tempo nem de espaço. Tempo e espaço são um. Você pode dizer: "Preciso fazer algo hoje à tarde". Mas, na realidade, não há "hoje à tarde". Fazemos uma coisa depois da outra. Eis tudo. Não existe um tempo como "hoje à tarde" ou "uma hora" ou "duas horas". À uma hora você vai almoçar. O próprio ato de almoçar é à uma hora. Você estará em algum lugar, mas esse lugar não pode ser separado de "à uma hora". Para quem realmente aprecia sua vida, eles são a mesma coisa. Mas quando ficamos aborrecidos com a vida, podemos dizer: "Eu não devia ter vindo a este lugar. Teria sido melhor ir a outra parte para almoçar. Este lugar não é muito bom". Na sua mente, você criou uma ideia de lugar desvinculada do seu tempo presente.

Ou você pode dizer: "Isto é mau, eu não devo fazer isto". Na verdade, quando diz "eu não devo fazer isto", você está fazendo um não fazer nesse preciso momento. Portanto, não há escolha para você. Quando você separa a ideia de tempo e de espaço, parece que há alguma escolha; mas, na realidade, você tem de fazer algo ou tem de fazer um não fazer. Não fazer algo é também fazer alguma coisa. Bom e mau existem só na sua mente. Por isso você não deve dizer: "Isto é bom", ou "isto é mau". Em vez de "mau", você deve dizer "não fazer". Se você pensa "isto é mau", estará criando confusão para si mesmo. Assim, pois, na esfera da religião pura não há confusão de tempo e espaço, de bom ou mau. Tudo o que se tem a fazer é simplesmente executar as coisas tal como se apresentam. Faça alguma coisa! Seja o que for, devemos fazê-lo, mesmo que se trate de um não fazer. Devemos viver neste momento. Assim, quando nos sentamos, concentramo-nos em nossa respiração, nos tornamos uma porta de vaivém e fazemos o que deve ser feito, algo que temos de fazer. Isto é prática do Zen. Nesta prática não há confusão. Se você estabelecer este modo de vida, não haverá confusão de nenhuma espécie.

Tozan, um famoso mestre Zen, disse: "A montanha azul é o pai da nuvem branca. A nuvem branca é o filho da montanha azul. O dia todo eles dependem um do outro, sem que um seja dependente do outro. A nuvem branca é sempre a nuvem branca. A montanha azul é sempre a montanha azul". Eis uma pura e clara interpretação da vida. Pode haver muitas coisas como a nuvem branca e a montanha azul: homem e mulher, mestre e discípulo. Dependem um do outro. Mas a nuvem branca não deve ser importunada pela montanha azul. A montanha azul não deve ser importunada pela nuvem branca. Elas são totalmente independentes e, não obstante, dependentes. É assim que vivemos e é assim que praticamos *zazen*. Quando nos tornamos verdadeiramente nós mesmos, nos tornamos somente uma porta de vaivém: somos inteiramente independentes e, ao mesmo tempo, dependentes de todas as coisas. Sem ar não podemos respirar. Cada um de nós está no centro de miríades de mundos. Estamos no centro do mundo, sempre, momento a momento. Assim, somos completamente dependentes e independentes. Se você tem este tipo de experiência, este modo de existência, você tem absoluta independência; não será importunado por coisa alguma. Portanto, quando você pratica *zazen,* sua mente deve estar concentrada na respiração. Este tipo de atividade é a atividade básica do ser universal. Sem esta experiência, sem esta prática, é impossível atingir a plena liberdade.

Controle

*"Dar um pasto amplo a sua ovelha e a sua vaca,
é a maneira de controlá-las."*

Viver no reino da natureza de Buda significa morrer como ser inferior, momento após momento. Quando perdemos o equilíbrio, morremos; mas ao mesmo tempo evoluímos, crescemos. Tudo o que vemos está constantemente mudando, perdendo seu equilíbrio. Por estarem fora de equilíbrio é que as coisas se mostram belas, mas o fundo em que se inserem está sempre em perfeito equilíbrio. Esta é a forma como as coisas existem na natureza de Buda: perdendo o equilíbrio sobre um fundo em perfeito equilíbrio. Assim, se você vê as coisas sem se dar conta da natureza búdica que lhes serve de fundo, tudo se apresenta em forma de sofrimento. Mas, se compreende o fundamento da existência, você se dá conta de que o sofrimento reside na maneira como levamos a vida. Assim, no Zen algumas vezes se dá ênfase ao desequilíbrio, à desordem da vida.

Hoje em dia, a pintura tradicional japonesa tornou-se um tanto formal e destituída de vida; por essa razão é que a arte moderna se desenvolveu. Os pintores antigos tinham uma prática que consistia em colocar no papel pontos em desordem de modo artístico. Isso é bastante difícil. Mesmo que você tente, acabará fazendo-o de alguma forma ordenada. Você pensa que a coisa está sob seu controle, mas não está; é quase impossível colocar os pontos fora de alguma ordem. O mesmo se dá na sua vida diária. Embora você tente, é impossível ter as pessoas sob controle. A melhor forma de controlar as pessoas é encorajá-las a ficarem à vontade. Então elas estarão sob controle no mais amplo sentido. Dar a sua ovelha ou vaca um pasto grande é a melhor forma de tê-las sob controle. O mesmo acontece com relação às pessoas; primeiro deixe que façam o que bem entenderem e observe. Esta é a melhor política. Ignorá-las não funciona;

é a pior estratégia. A segunda pior tática é tentar controlá-las. A melhor de todas é apenas observá-las.

O mesmo acontece quando se trata de você mesmo. Se quiser obter perfeita calma durante seu *zazen*, não deve se aborrecer com as diversas imagens que aparecem em sua mente. Deixe que elas surjam e desapareçam. Assim elas estarão sob controle. Mas não é fácil fazer isso. Parece fácil, mas na verdade requer algum esforço especial. Como realizar esse esforço é o segredo da prática. Suponhamos que você esteja sentado em circunstâncias extraordinárias. Se tentar acalmar sua mente, não conseguirá meditar e, se tentar não se perturbar com isso, seu esforço não será o correto. O único esforço que o ajudará será contar sua respiração ou concentrar-se no movimento de inspirar e expirar. Nós dizemos concentração, mas concentrar a mente em algo não é o verdadeiro propósito do Zen. Seu verdadeiro propósito é ver as coisas como elas são e deixar que tudo siga seu curso. Isso é ter as coisas sob controle, no mais amplo sentido. Praticar o Zen é abrir nossa mente pequena. Assim, a concentração é apenas um recurso para auxiliá-lo a se aperceber da "mente grande" – da mente que é o todo. Se quer descobrir o verdadeiro sentido do Zen na sua vida diária, você tem que entender o sentido de manter sua mente na respiração e o corpo na postura correta do *zazen*. Você deve seguir as regras da prática, e seu treino tem de tornar-se gradativamente mais cuidadoso e sutil. Só dessa maneira poderá experimentar a vital liberdade do Zen.

O mestre Dogen disse: "O tempo caminha do presente para o passado". Isto é absurdo, mas na nossa prática, às vezes, é verdadeiro. Ao invés de o tempo progredir do passado para o presente, ele volta do presente para o passado. Yoshitsune foi um famoso guerreiro que viveu no Japão medieval. Por causa da situação em que o país se encontrava naquela época, ele foi enviado para as províncias do Norte, onde foi morto. Antes de partir, despediu-se de sua esposa e logo depois ela escreveu um poema: "Assim como tu desenrolas o fio de um carretel, eu quero que o passado se torne presente". Ao dizer isso ela de fato fez do passado, presente. Na sua mente, o passado tornou-se vívido e portanto *estava* presente. Dogen disse: "O tempo vai do presente para o passado". Isto não é verdade para a nossa mente lógica, mas o é na experiência prática de tornar presente o tempo passado. Aí está a poesia e aí está a experiência humana.

Quando experimentamos essa verdade, significa que encontramos o verdadeiro sentido do tempo. O tempo caminha constantemente do passado para o presente e do presente para o futuro. Isso é verdade, mas também é verdade que ele caminha do futuro para o presente e do presente para o passado. Um mestre Zen disse em certa ocasião: "Caminhar uma milha para o leste é caminhar uma milha para o oeste". Isso é liberdade vital.

É essa liberdade perfeita que temos de alcançar.

Mas essa perfeita liberdade não é encontrada sem algumas regras. As pessoas, principalmente entre os jovens, pensam que liberdade é fazer somente o que querem, e que o Zen prescinde de regras. Mas é absolutamente necessário termos algumas regras. Isso, no entanto, não quer dizer que estejamos sempre sob controle. Desde que você tem regras, você tem chance de liberdade. Querer obter liberdade sem estar consciente das regras não significa nada. É para obter essa perfeita liberdade que praticamos *zazen*.

As Ondas Mentais

"Uma vez que desfrutamos todos os aspectos
da vida como um desdobramento da mente grande,
não precisamos ir em busca de uma alegria excessiva.
Assim, nossa serenidade é imperturbável."

Quando estiver praticando *zazen,* não tente deter seu pensamento. Deixe que ele pare por si mesmo. Se alguma coisa lhe vier à mente, deixe que entre e deixe que saia. Ela não permanecerá por muito tempo. Tentar parar o pensamento significa que você está sendo incomodado por ele. Não se deixe incomodar por coisa alguma. Pode parecer que essa coisa vem de fora mas, na verdade, são apenas as ondas de sua mente e se você não se deixar incomodar por elas, gradualmente se tornarão mais e mais calmas. Em cinco ou dez minutos, no máximo, sua mente estará calma, serena. Sua respiração então se tornará mais lenta e a pulsação, um pouco mais acelerada.

Leva um certo tempo até que a mente se acalme durante sua prática. Surgem muitas sensações, muitos pensamentos ou imagens, mas são apenas ondas da própria mente. Nada vem de fora dela. Em geral, pensamos que nossa mente recebe impressões e experiências do exterior, mas isso não é uma compreensão correta da nossa mente. A verdade é que a mente inclui tudo; quando pensamos que algo surge de fora, isso quer dizer somente que algo surge na nossa própria mente. Nada exterior a si mesmo pode perturbá-lo. É você mesmo que cria as ondas da mente. Se deixar a mente como ela é, ela se tornará calma. Esta é a chamada mente grande.

Quando a mente está vinculada a algo fora dela própria, trata-se da pequena mente, uma mente limitada. Se sua mente não estiver vinculada a nada, então não haverá mais compreensão dualista na atividade de sua mente. Compreenderá que a atividade não é mais do que ondas da sua mente. A mente grande experimenta tudo dentro de si própria. Percebe a diferença entre ambas? A mente que tudo inclui e a mente ligada a alguma coisa em particular? Na verdade, elas são a mesma coisa, a compreensão é que é diferente, e sua atitude perante a vida será diferente de acordo com a compreensão que você tiver.

Que tudo esteja incluído na mente é a essência da mente; e a experiência disto é a posse do sentimento religioso. Embora as ondas surjam, a essência da sua mente é pura, como água clara com poucas ondas. Na verdade, a água tem sempre ondas. Elas são a prática da água. Falar de ondas separadas da água, ou da água separada das ondas, é uma ilusão. Água e ondas são uma só coisa. A grande e a pequena mente são uma só. Quando você entender sua mente desta maneira, terá alguma segurança em seus sentimentos. Como sua mente nada espera de fora, ela está sempre completa. Uma mente com ondas não é uma mente perturbada e sim ampliada. Qualquer coisa que você experimente é uma expressão da mente grande.

A atividade da mente grande é ampliar a si mesma através das diversas experiências. Em certo sentido nossas experiências, ocorrendo uma a uma, são sempre frescas e novas, mas em outro sentido não passam de um contínuo e repetitivo desdobramento da mente grande. Por exemplo, se há algo bom para o desjejum, você dirá "isto é bom". O "bom" provém de alguma coisa experimentada há tempos, ainda que você não lembre quando. Com a mente grande, nós aceitamos cada experiência do mesmo modo que reconhecemos a face que vemos no espelho como a nossa própria face. Para nós, praticantes, não existe o medo de perder essa mente. Não há qualquer lugar, nem para onde ir, nem de onde voltar; não existe medo da morte, do sofrimento da velhice ou da doença. Uma vez que desfrutamos todos os aspectos da vida como um desdobramento da mente grande, não precisamos ir em busca de uma alegria excessiva. Assim, nossa serenidade é imperturbável, e é com essa imperturbável serenidade da mente grande que praticamos *zazen*.

As Ervas Daninhas da Mente

"Você deve ser grato às ervas daninhas que crescem em sua mente, porque elas afinal vão enriquecer sua prática."

Não creio que lhe agrade quando o despertador toca pela manhã cedinho e você tem que se levantar. Não é fácil sair da cama e ir se sentar para meditar. E mesmo depois de chegar ao *zendô* e começar o *zazen*, você tem que encorajar a si próprio para se sentar corretamente. Isto são apenas ondas da sua mente. *No zazen* puro não deve haver nenhuma onda em sua mente.

Contudo, à medida que você permanece sentado, essas ondas se tornam cada vez menores e seu esforço se transforma em sentimento sutil.

Costuma-se dizer que "arrancando as ervas daninhas alimentamos as plantas". Nós arrancamos as ervas daninhas e as enterramos junto às plantas para nutri-las. Portanto, mesmo que você tenha dificuldade em sua prática, mesmo que haja algumas ondas enquanto está sentado, essas mesmas ondas servirão para ajudá-lo. Assim, não deve aborrecer-se por causa de sua mente. Ao contrário, fique grato às ervas daninhas porque elas vão, afinal, enriquecer sua prática. Se você tiver alguma experiência de como as ervas daninhas se transformam em alimento mental, sua prática fará progressos notáveis. Você vai sentir o progresso. Sentirá como é que elas se transformam em autoalimentação. Claro que não é difícil fazer interpretações filosóficas ou psicológicas acerca de nossa prática, mas isso não basta. O que precisamos é ter a experiência prática de como as nossas ervas daninhas se transformam em alimento.

A rigor, nenhum esforço que façamos beneficia nossa prática, porque ele cria ondas em nossa mente. Contudo, é impossível obter completa serenidade mental sem algum tipo de esforço. Temos que nos esforçar, mas temos que nos esquecer de nós mesmos no esforço que fazemos. Nesse âmbito não existe objetividade nem subjetividade. Nossa mente está simplesmente calma, sem mesmo termos consciência disso. Nessa ausência de consciência, qualquer esforço, ideia ou pensamento se dissipa. Portanto, é necessário encorajar a nós mesmos e esforçar-nos até o último momento, quando todo esforço desaparece. Você deve pôr sua mente na respiração até deixar de estar consciente da própria respiração.

Devemos persistir em nosso esforço sempre, mas nem por isso almejar atingir algum estágio onde nos esqueçamos dele. Devemos apenas tentar manter nossa mente na respiração. Essa é a nossa verdadeira prática. À medida que você praticar, esse esforço se tornará mais e mais refinado. No início, o esforço resultará um tanto grosseiro e impuro mas, pelo poder da prática, tornar-se-á cada vez mais puro. Quando seu esforço se torna puro, seu corpo e sua mente se tornam puros. É essa a forma como praticamos o Zen. Uma vez que você compreender o poder inato que temos de purificar a nós mesmos e aquilo que nos circunda, você poderá agir apropriadamente, aprenderá com todos os que o rodeiam e será amável com os outros. Esse é o mérito da prática do Zen. E o caminho da prática é apenas concentrar-se na respiração. Com postura correta e com grande e puro esforço. É assim que praticamos o Zen.

O Cerne do Zen

"Na postura zazen, nosso corpo e nossa mente têm o grande poder de aceitar as coisas como elas são, sejam agradáveis ou desagradáveis."

Consta em nossas escrituras *(Samyuktagama Sutra,* v. 33) que existem quatro tipos de cavalos: os excelentes, os bons, os fracos e os maus. O melhor cavalo corre tanto devagar quanto velozmente, para a direita e para a esquerda, atendendo à vontade do cavaleiro, antes mesmo de enxergar a sombra do chicote; o segundo corre tão bem quanto o primeiro, antes mesmo que o chicote atinja sua pele; o terceiro corre quando sente a dor do chicote em seu corpo; o quarto só corre quando a dor já penetrou até a medula de seus ossos. Imagine como é difícil, para este último, aprender a correr!

Ao escutar esta história, quase todos queremos ser o melhor cavalo. Se for impossível, queremos pelo menos ser o segundo. Eu acho que, em geral, esse é o entendimento que temos da história e do Zen. Você poderá pensar que, sentando em *zazen,* descobrirá se é um dos melhores ou um dos piores. Isso, porém, é um entendimento errôneo do Zen. Se você pensa que o objetivo da prática Zen é treiná-lo para se tornar um dos melhores cavalos, terá um grande problema. Não é este o entendimento correto. Se praticar Zen de maneira certa, não importará se você for o melhor ou o pior cavalo. Se você considerar a compaixão de Buda, como acha que ele se sentiria em relação aos quatro tipos de cavalo? Ele teria mais simpatia pelo pior do que pelo melhor.

Quando você estiver determinado a praticar *zazen* com a mente grande de Buda, perceberá que o pior cavalo é o mais valioso. É nas próprias imperfeições que você encontra as bases para sua mente resoluta que busca o caminho. Aqueles que se sentam com perfeição física, geralmente levam mais tempo para alcançar o caminho verdadeiro do Zen, o sentimento real do Zen, o cerne do Zen. Mas aqueles que têm grandes dificuldades encontrarão nele mais sentido. Por isso, penso às vezes que o melhor cavalo pode ser o pior, e o pior, o melhor.

Se você estudar caligrafia, poderá verificar que aqueles que não são muito talentosos, por via de regra, acabam sendo os melhores calígrafos. Os que são muito hábeis com as mãos geralmente deparam com grandes dificuldades depois de terem atingido certo estágio. Isto é verdade para as artes e para o Zen. E na vida também. Portanto, quando falamos de Zen não podemos afirmar "ele é bom" ou "ele é mau", no sentido comum dessas palavras. A postura assumida no *zazen* não é a mesma para cada um de nós. Para alguns, pode ser impossível cruzar as pernas em lótus completo. Mas, mesmo sem conseguir adotar a postura de forma correta, quando você desperta sua verdadeira mente buscadora do caminho, então pode praticar o Zen no seu sentido genuíno. De fato, despertar a verdadeira mente buscadora do caminho é mais fácil para aqueles que têm dificuldade em sentar-se do que para os que podem sentar-se facilmente.

Quando refletimos sobre o que estamos fazendo na vida diária, sempre nos envergonhamos de nós mesmos. Um dos meus estudantes uma vez me escreveu dizendo: "Você me mandou um calendário e estou tentando seguir as boas máximas que aparecem em cada página. Mas o ano começou há pouco e eu já falhei". O mestre Dogen disse: *"Shoshaku jushaku"*.

Shaku geralmente significa "erro" ou "engano". *Shoshaku jushaku* significa "suceder um erro ao outro", ou seja, um engano contínuo. Segundo Dogen, um engano contínuo também pode ser Zen. A vida de um mestre Zen, poder-se-ia dizer, é feita de muitos anos de *shoshaku jushaku*. Isso quer dizer muitos anos de esforço decidido.

Nós dizemos: "Um bom pai não é um bom pai". Você entende? Aquele que pensa que é um bom pai não o é; aquele que se acha um bom marido não o é. Aquele que pensa ser um dos piores maridos pode ser um bom marido, se estiver sempre tentando ser um bom marido com um esforço sincero. Se você está achando impossível sentar-se por causa de alguma dor ou de alguma dificuldade física, ainda assim deveria continuar, usando uma almofada grossa ou uma cadeira. Mesmo que você seja o pior cavalo, você chegará ao cerne do Zen.

Suponha que seu filho esteja sofrendo de uma doença incurável. Você não sabe o que fazer, mas mesmo assim não fica deitado na cama. Normalmente, a cama seria o lugar mais confortável para você ficar. Mas agora, por causa da sua aflição mental, você não consegue descansar. Você pode andar para baixo e para cima, entrar e sair, que não adianta. Na verdade, o melhor meio de atenuar seu sofrimento mental é sentar-se em *zazen*, mesmo estando em tamanha aflição e em postura incorreta. Se você não passou pela experiência de sentar-se em uma situação difícil como essa, você não é um praticante Zen. Nenhuma outra atividade irá apaziguar seu sofrimento. Qualquer outra atitude resultará inquietante, e você não terá poder para aceitar as suas dificuldades; mas na postura *zazen*, que você adquiriu através de longa e dura prática, sua mente e corpo têm o poder de aceitar as coisas como elas são, sejam elas agradáveis ou desagradáveis.

Quando você se sente contrariado, o melhor que tem a fazer é sentar-se. Não há outro jeito de você aceitar seu problema e trabalhar sobre ele. Se você é o melhor ou o pior cavalo, se sua postura é boa ou má, não vem ao caso. Todos podem praticar *zazen* e, dessa forma, trabalhar seus problemas e aceitá-los.

Quando você se senta no meio de seu problema o que é mais real para você? O seu problema ou você mesmo? A consciência de que você existe aqui e agora é o fato supremo. Isso é o que você vai perceber com a prática do *zazen*. Na continuidade de sua prática, sob a sucessão de situações agradáveis ou desagradáveis, você realizará o cerne do Zen e adquirirá sua força verdadeira.

Não Dualismo

"Deter sua mente não quer dizer parar as atividades da mente. Quer dizer que sua mente impregna todo seu corpo. Com essa mente plena você forma o mudra com as mãos."

Nós dizemos que nossa prática deve ser feita sem ideia de ganho, sem nenhuma expectativa, nem sequer de iluminação. Todavia, isso não significa sentar-se sem propósito algum. Essa forma de praticar, isenta de ideia de ganho, é baseada no *Prajna Paramita Sutra*. No entanto, se você não tomar cuidado, o próprio *Sutra* lhe dará uma ideia de ganho. Ele diz: "Forma é vazio e vazio é forma". Mas se você se apegar a tal afirmação, estará sujeito a se envolver em ideias dualistas: em um lado está você, forma; em outro, o vazio que você está procurando perceber através de sua própria forma. Logo, "forma é vazio e vazio é forma", ainda é dualismo. Felizmente, nosso ensinamento prossegue afirmando: "Forma é forma e vazio é vazio". Aqui não há dualismo.

Durante o *zazen,* quando você tem dificuldade em deter a mente e, apesar disso, continua tentando pará-la, significa que você está no estágio de "forma é vazio e vazio é forma". Contudo, essa forma dualista de prática o conduzirá a uma progressiva unidade com seu objetivo. E quando sua prática se realizar sem nenhum esforço, você poderá deter sua mente. Essa é a fase de "forma é forma e vazio é vazio".

Deter sua mente não quer dizer parar as atividades da mente. Quer dizer que sua mente impregna todo seu corpo. Sua mente segue a respiração. Com essa mente plena você forma o *mudra* com as mãos. Com essa mente total você se senta com as pernas doloridas, sem se deixar perturbar por elas. Isso é sentar-se sem nenhuma ideia de ganho. No início, pode se sentir tolhido em sua postura, mas quando não se deixar perturbar por essa limitação, você terá encontrado o significado de "vazio é vazio e forma é forma". Portanto, encontrar seu próprio caminho em meio às restrições é o caminho da prática.

Prática não quer dizer que qualquer coisa que você faça, até mesmo ficar deitado, seja *zazen*. Prática é quando as restrições não o limitam. Se você diz "qualquer coisa que eu faça é de natureza búdica, portanto, não importa o que eu faça e, assim, não há necessidade de praticar *zazen*", isto já é um entendimento dualista da nossa vida diária. Se de fato não importasse, nem sequer haveria necessidade de o dizer. Enquanto importar aquilo que se faz, haverá dualismo. Se você não estivesse realmente se importando com aquilo que está fazendo, não o mencionaria. Ao sentar-se estará simplesmente sentando-se, nada mais. Ao comer estará apenas comendo. É só isso. Se você diz "não tem importância", significa que está se justificando por fazer uma coisa à maneira da mente pequena. Significa que você está apegado a alguma ideia ou coisa em particular. Não é isso o que queremos dizer com "basta apenas sentar-se" ou "qualquer coisa que você faça é *zazen*". Certamente, qualquer coisa que façamos é *zazen*, mas, se de fato é, não há necessidade de o dizer.

Ao sentar-se você deve simplesmente sentar-se, sem se deixar perturbar pela dor nas pernas ou pelo sono. Isso *é zazen*. Mas no começo é muito difícil aceitar as coisas como elas são. Você fica incomodado com o que sente durante sua prática. "Forma é forma e vazio é vazio" quer dizer ser capaz de fazer todas as coisas, sejam boas ou más, sem se perturbar ou aborrecer com seu sentir.

Quando alguém sofre de uma doença como o câncer e se dá conta de que não viverá mais do que dois ou três anos, e passa a procurar algo em que se apoiar, pode começar a praticar. Uma pessoa poderá se apoiar na ajuda de Deus. Outra, começar a praticar *zazen*. Neste caso, a prática se concentrará em obter o vazio da mente. O que significa que a pessoa estará tentando se livrar do sofrimento da dualidade. Essa é a prática de "forma é vazio e vazio é forma". Por causa da realidade do vazio é que a pessoa quer ter essa experiência em sua vida. Praticar dessa maneira, acreditando e esforçando-se, a ajudará, mas não é a prática perfeita.

Sabendo que a vida é curta, aproveitá-la cada dia, cada hora, cada minuto é a vida de "forma é forma e vazio é vazio". Quando o Buda aparecer, você o receberá. Quando o diabo aparecer, você o receberá. O famoso mestre Zen chinês Ummon dizia: "Buda com cara de sol" e "Buda com cara de lua". Quando estava doente e alguém lhe perguntava "como está você?", ele respondia: "Buda com cara de sol e Buda com cara de lua". Essa é a vida de "forma é forma e vazio é vazio". Não há problema. Um ano de vida é bom. Cem anos de vida também são. Se persistir na sua prática, você alcançará esse estágio.

No início terá alguns problemas e precisará de esforço para continuar a prática. Para o principiante, prática sem esforço não é verdadeira prática. Para ele, a prática requer um grande esforço. Principalmente para os jovens, é necessário muito esforço para conseguir alguma coisa. Você deve esticar pernas e braços o máximo possível. Forma é forma. Você tem de ser fiel ao seu próprio caminho até, por fim, chegar ao ponto de ver que é necessário esquecer tudo sobre você mesmo. Até chegar a esse ponto, é errado pensar que tudo o que fizer é Zen ou que não importa se você pratica ou não. Mas, se você puser seu melhor esforço em continuar a prática, com todo seu corpo e sua mente, sem nenhuma ideia de ganho, então, seja o que for que esteja fazendo, será prática verdadeira. Seu propósito deve ser o de manter a continuidade. Ao fazer algo, apenas fazê-lo deve ser seu único propósito. Forma é forma e você é você, e a realidade do vazio será alcançada em sua prática.

Reverência

"A reverência é uma prática muito séria. Você deve estar preparado para fazê-la, mesmo no seu último momento. Ainda que seja impossível livrar-nos de nossos desejos egocêntricos, temos que reverenciar. Nossa verdadeira natureza o exige."

Após o *zazen* nós fazemos nove prostrações. Ao reverenciar, estamos abrindo mão de nós mesmos. E abrir mão de nós mesmos quer dizer abandonar nossas ideias dualistas. Assim, não há diferença entre a prática do *zazen* e a prática da reverência. Usualmente, a reverência expressa nosso respeito por algo que merece mais respeito que nós mesmos. Mas, ao reverenciar o Buda, você não deve ter em mente uma ideia acerca do Buda; você simplesmente se torna um com o Buda, você já é o próprio Buda. Quando se torna um com o Buda, um com tudo o que existe, você encontra o verdadeiro significado de ser. Quando você abandona as ideias dualistas, tudo se torna seu mestre e tudo pode ser objeto de culto.

Quando tudo existe dentro de sua mente grande, todas as relações dualistas desaparecem. Não há mais distinção entre céu e terra, homem e mulher, mestre e discípulo. Às vezes o homem se curva em reverência à mulher; às vezes a mulher, em reverência ao homem. Às vezes o discípulo reverencia o mestre, outras vezes o mestre reverencia o discípulo. Um mestre que não pode curvar-se em reverência a um discípulo, tampouco pode curvar-se em reverência ao Buda. Às vezes mestre e discípulo, juntos, curvam-se em reverência ao Buda. Às vezes podemos reverenciar gatos e cachorros.

Na sua mente grande tudo tem igual valor. Tudo é o próprio Buda. Você vê ou ouve alguma coisa e aí você tem todas as coisas exatamente como elas são. Em sua prática, você deve aceitar as coisas como são, dedicando a cada uma delas o mesmo respeito que é dedicado ao Buda. Aqui há estado de Buda. Desta forma, o Buda curva-se ante o Buda, e você curva-se ante você. Esta é a verdadeira reverência.

Se você não tiver esta firme convicção da mente grande em sua prática, sua reverência será dualista. Quando estiver sendo apenas você mesmo, estará reverenciando a si próprio no seu verdadeiro sentido e será um com tudo o que existe. Só quando estiver sendo você mesmo é que poderá reverenciar tudo, no mais verdadeiro sentido. Reverência é uma prática muito séria. Você deve estar preparado para fazê-la, mesmo no seu último momento; quando não puder fazer mais nada, exceto reverenciar, você deve fazê-lo. É necessário esse tipo de convicção. Reverencie com esse espírito e então todos os preceitos, todos os ensinamentos serão seus e possuirá todas as coisas dentro de sua mente grande.

Sen-no-Rikyu, o fundador da cerimônia japonesa do chá, cometeu haraquiri em 1591, por ordem de Hideyoshi, seu amo. Momentos antes de pôr termo à vida, ele disse: "De posse desta espada não há Budas nem patriarcas". Com isso, ele quis dizer que quando possuímos a "espada" da mente grande, o mundo dualista não existe. A única coisa que existe é esse espírito. Essa espécie de espírito imperturbável estava sempre presente nas cerimônias do chá de Rikyu. Ele nunca fazia nada de forma dualista, estava pronto para morrer a cada momento. Cerimônia após cerimônia ele morria e tornava a se renovar. Esse é o espírito da cerimônia do chá. É assim que nós reverenciamos.

Meu mestre tinha um calo na testa de tanto se prostrar. Ele sabia que era um obstinado, um teimoso, e por isso prostrava-se sem parar. O que o fazia prostrar-se tanto era ouvir em seu interior a voz repreensiva de seu mestre. Ele entrou na Ordem Soto (uma das linhagens do Zen) quando já tinha trinta anos, o que, para um sacerdote japonês, é um tanto tardio. Quando jovens somos menos teimosos e é mais fácil nos livrarmos do egocentrismo. Assim, era desta maneira que seu mestre sempre se dirigia a ele: "Você, companheiro-retardatário", repreendendo-o por ter ingressado tão tarde. Na verdade, o mestre apreciava-o pelo seu caráter teimoso. Quando meu mestre tinha setenta anos disse: "Quando jovem eu era como um tigre, agora sou como um gato". Agradava-lhe ser como um gato.

Curvar-nos em reverência ajuda a eliminar nossas ideias egocentradas. É difícil libertar-nos dessas ideias e a reverência é uma prática muito preciosa. O resultado não é o que importa; é o esforço para melhorarmos que é precioso. E esta prática não acaba nunca.

Cada reverência expressa um dos quatro votos budistas: "Embora os seres vivos sejam inumeráveis, eu me comprometo a salvá-los. Embora meus desejos sejam inesgotáveis, eu me comprometo a libertar-me deles. Embora os ensinamentos sejam ilimitados, eu me comprometo a aprendê-los todos. Embora o budismo seja inalcançável, eu me comprometo a atingi-lo". Se é inalcançável, como é possível alcançá-lo? E, no entanto, devemos fazê-lo. Isso é o budismo.

Pensar "porque é possível nós o faremos" não é budismo. Nós temos que fazer mesmo o impossível, porque nossa verdadeira natureza o exige. A questão de ser ou não possível não vem ao caso. Se almejamos nos livrar das ideias egocentradas, nós temos de fazê-lo. Quando realizamos esse esforço, nossos desejos mais profundos são apaziguados e nisso consiste o nirvana. Antes de se decidir a fazê-lo terá dificuldade, porém, uma vez que começar, ela desaparecerá. O seu esforço apazigua seu desejo profundo. Não há outro caminho para se obter tranquilidade. Mente tranquila não significa que você deva parar suas atividades. A verdadeira calma deve ser encontrada dentro da própria atividade. Nós dizemos: "É fácil ter calma na inatividade, mas calma dentro da atividade é que é a verdadeira calma". Depois de ter praticado por algum tempo, você se aperceberá de que não é possível progredir de modo rápido e extraordinário. Mesmo que você se esforce bastante, o progresso ocorrerá pouco a pouco. Não é como quando você entra no chuveiro e sabe quando fica molhado. Num nevoeiro você não percebe que está se molhando mas, à medida que segue andando, fica mais e mais molhado. Se você tiver uma ideia formada de progresso, poderá dizer: "Oh! essa lentidão é terrível". Mas de fato não é.

Quando você se molha num nevoeiro é muito mais difícil voltar a secar-se. Portanto, não há por que preocupar-se com o progresso. É como estudar uma língua estrangeira; você não pode aprender de repente, mas pela constante repetição acaba dominando-a. Esse é o caminho Soto da prática. Podemos dizer que progredimos pouco a pouco ou que nem sequer temos expectativa de progredir. O que é preciso é sermos sinceros e pôr todo nosso esforço em cada instante. É quanto basta. Não existe nirvana fora da nossa prática.

Nada Especial

"Se você continuar esta simples prática todos os dias, obterá um poder maravilhoso. Maravilhoso antes de ser atingido, mas nada especial uma vez obtido."

Depois do *zazen* não tenho vontade de falar. Sinto que a prática do *zazen* é o bastante. Mas já que tenho que falar, gostaria de discorrer sobre como é maravilhoso praticar *zazen*. Nosso único propósito é manter essa prática para sempre. Ela começou no tempo sem início e continuará pelo futuro sem fim. A rigor, para o ser humano, não há outra prática a não ser esta. Não há outra maneira de viver a não ser esta. A prática do Zen é a expressão direta de nossa verdadeira natureza.

Claro, qualquer coisa que façamos é expressão de nossa natureza, mas sem essa prática é difícil aperceber-se disso. Ser ativo é próprio da natureza humana, assim como de todas as formas de existência. Enquanto vivos, estamos sempre fazendo alguma coisa. Mas tão logo você pense: "Estou fazendo isto" ou "tenho que fazer isso" ou "preciso conseguir aquilo", você, na verdade, não está fazendo nada. Quando você renuncia, quando não deseja mais coisa nenhuma, quando não tenta nada de especial, então você está fazendo alguma coisa. Quando não há nenhuma ideia de ganho naquilo que faz, então está fazendo algo. Em *zazen,* você não faz o que faz objetivando algo. Você pode sentir-se como que fazendo algo especial mas, na verdade, simplesmente está expressando sua verdadeira natureza; é a atividade que aplaca seu mais profundo desejo. Praticar *zazen* com algum objetivo não é verdadeira prática.

Se você continuar esta simples prática todos os dias, obterá um poder maravilhoso. Uma coisa maravilhosa antes de ser atingido, mas nada de especial uma vez obtido. É simplesmente você mesmo, nada especial. Como diz um poema chinês: "Eu fui e voltei. Não era nada especial. Rozan é famosa por suas montanhas; Sekko por suas águas". As pessoas pensam que deve ser maravilhoso ver a famosa cadeia de montanhas abraçada pela bruma e a água que se diz cobrir toda a terra. Mas se você for lá, verá apenas água e montanhas. Nada especial.

É intrigante o fato de que a iluminação seja uma coisa maravilhosa para aqueles que não têm experiência dela e, contudo, não seja nada para aqueles que a atingiram. E, no entanto, não é apenas nada. Você entende? Para uma mulher com filhos, ter filhos não é nada especial. *Zazen* é assim. Portanto, se você perseverar nessa prática, mais e mais você obterá alguma coisa – nada especial, porém alguma coisa. Você pode chamar essa coisa de "natureza universal" ou "natureza de Buda" ou "iluminação". Muitos nomes podem lhe ser conferidos, mas para a pessoa que a possui, é nada, e ao mesmo tempo, é algo.

Quando expressamos nossa verdadeira natureza, nós somos seres humanos. Quando não, nós não sabemos o que somos. Não somos animais porque caminhamos sobre duas pernas. Somos diferentes dos animais, mas, o que somos? Podemos ser um fantasma. Não sabemos como denominar a nós mesmos. Tal criatura na verdade não existe. É uma ilusão. Ainda não somos humanos, contudo existimos. Quando o Zen não é Zen, nada existe. O que estou falando não faz sentido para o intelecto mas, se você já experimentou a verdadeira prática, entenderá o que estou dizendo. Se alguma coisa existe, é porque ela possui sua verdadeira natureza, sua própria natureza búdica.

No *Sutra Pari-nirvana,* o Buda diz: "Tudo tem natureza de Buda". Todavia, Dogen interpreta isto da seguinte maneira: "Tudo *é* natureza de Buda". Aqui há uma diferença. Se você diz: "Tudo *tem* natureza de Buda", significa que a natureza búdica está em cada existência, portanto, natureza búdica e cada existência são diferentes. Mas quando você diz "tudo *é* natureza de Buda", significa que todas as coisas são a própria natureza de Buda. Quando não há natureza de Buda, nada existe. Qualquer coisa que não seja natureza búdica é apenas ilusão. Pode existir em sua mente, mas tal coisa de fato não existe.

Ser um ser humano portanto é ser um Buda. Natureza búdica é apenas outro nome para nossa verdadeira natureza humana. Assim, mesmo que você não faça nada, já está fazendo alguma coisa. Você está expressando a si próprio, está expressando sua verdadeira natureza. Seus olhos, sua voz, sua conduta a expressam. A coisa mais importante é expressar sua verdadeira natureza na forma mais simples e adequada e apreciá-la, mesmo na mais insignificante das existências.

Com a continuidade desta prática, semana após semana, ano após ano, sua experiência se tornará mais e mais profunda e abraçará todas as coisas que fizer em sua vida diária. O mais importante é deixar de lado toda e qualquer ideia de ganho, toda e qualquer ideia dualista. Em outras palavras, pratique *zazen* somente na postura correta. Não pense nada. Apenas permaneça sentado na sua almofada, sem expectativa alguma. Então você reassumirá finalmente sua verdadeira natureza. Ou seja, sua própria natureza se reassumirá.

SEGUNDA PARTE

ATITUDE CORRETA

"O ponto que enfatizamos é a firme confiança em nossa natureza original."

O Caminho-Uno

*"Mesmo que o sol viesse a nascer no Ocidente,
o bodhisattva tem um só caminho."*

O propósito da minha palestra não é propiciar conhecimento intelectual, mas expressar meu apreço pela prática Zen. Poder sentar-me em *zazen* com vocês é incomum. Qualquer coisa que façamos, aliás, é incomum porque a própria vida é incomum. O Buda disse: "Apreciar nossa existência humana é tão raro como o pó grudar sobre a superfície das unhas". Vocês sabem, a superfície da unha é lisa e o pó dificilmente adere a ela. A vida humana é extraordinária e maravilhosa. Quando eu me sento em *zazen* minha vontade é continuar sentado para sempre, mas estimulo a mim mesmo a fazer outras práticas, como recitar sutras ou fazer reverências. E quando reverencio, eu penso "isto é maravilhoso". Mas, tenho de mudar de prática outra vez, então recito um sutra. Como podem ver, minha palestra é apenas para expressar meu apreço. Isso é tudo.

Se você quer expressar sua verdadeira natureza, deve fazê-lo de forma natural e apropriada. Mesmo o balançar do corpo para a direita e esquerda quando você se senta e se levanta do *zazen* é uma expressão de você. Isso não é uma preparação para a prática nem um relaxamento após a prática; é, isso sim, parte da própria prática. Portanto, não devemos fazê-lo como uma preparação para alguma outra coisa. O mesmo se aplica à sua vida diária. Cozinhar ou improvisar algo para comer, segundo Dogen, não é uma preparação, é a própria prática. Cozinhar não é apenas preparar comida para alguém ou para você mesmo, é expressar-se com inteireza. Assim, ao cozinhar, você deve expressar a si mesmo na atividade da cozinha. Você deve conceder-se um bom tempo e fazer seu trabalho sem ter nada na mente, sem nenhuma expectativa. Deve apenas cozinhar, nada mais. Isso é também expressão da nossa inteireza, uma parte da nossa prática. Sentar em *zazen* é necessário, mas não é a única via. O que quer que você faça deve ser a expressão da mesma atividade profunda. Nós devemos apreciar o que estamos fazendo. Não há preparação para outra coisa.

O caminho do *bodhisattva* é chamado "o caminho-uno" ou "um trilho com milhares de quilômetros de extensão". O trilho do trem é sempre igual. Se ele se tornasse mais estreito ou mais largo seria desastroso. Para qualquer direção que você vá, o trilho é sempre o mesmo. Esse é o caminho do *bodhisattva*. Assim, mesmo que o sol viesse a nascer no Ocidente, o *bodhisattva* tem um só caminho. Seu caminho é expressar a cada momento sua natureza, sua inteireza.

Nós dizemos trilho, mas na verdade não existe tal coisa. A própria inteireza é o trilho. A paisagem que avistamos do trem muda, mas nós estamos seguindo sobre o mesmo trilho. E para o trilho não há começo e não há fim. Não tem ponto de partida nem de chegada. Nada a ser alcançado. Nosso caminho é simplesmente seguir sobre o trilho. Essa é a natureza da nossa prática Zen. Mas quando você fica curioso a respeito do trilho, então há perigo. Você não deve olhar para o trilho. Se o fizer, ficará tonto. Apenas aprecie a paisagem que avista do trem. Este é nosso caminho. Não há por que ter curiosidade a respeito do trilho. Alguém tomará conta disso; o Buda tomará conta disso. No entanto, às vezes tentamos explicar o trilho porque o fato de uma coisa ser sempre a mesma nos desperta a curiosidade. Então nos perguntamos: "Como é possível para o *bodhisattva* ser sempre o mesmo? Qual é o seu segredo?" Mas não há segredo. Todos temos a mesma natureza que o trilho do trem.

Havia dois bons amigos, Chokei e Hofuku. Eles estavam conversando sobre o caminho dos *bodhisattvas* e Chokei disse: "Mesmo que o *arhat* (um iluminado) tivesse desejos nocivos, ainda assim o Thatagata (o Buda) não tem dois tipos de palavras.

Eu digo que o Thatagata tem palavras, mas não palavras dualistas". Hofuku então disse: "Embora você diga isso, seu comentário não é perfeito". Chokei perguntou: "Qual é seu entendimento das palavras do Thatagata?" Hofuku respondeu: "Já discutimos bastante, tomemos uma xícara de chá". Hofuku não deu resposta ao seu amigo porque é impossível fazer interpretação verbal do nosso caminho. Contudo, como parte da prática, esses dois amigos discutiram o caminho do *bodhisattva*, mesmo sem esperarem encontrar uma interpretação nova. Daí a resposta de Hofuku: "Nossa discussão acabou. Tomemos um chá".

Essa é uma boa resposta, não é? O mesmo acontece com a minha palestra. Quando ela termina, vocês param de ouvi-la. Não há necessidade de lembrar o que eu disse; não há necessidade de entender o que eu disse; vocês já têm todo o entendimento dentro de vocês. Não existe problema.

Repetição

"Se você perde o espírito de repetição, sua prática se torna bastante difícil."

O pensamento e a prática da Índia, com os quais o Buda se defrontou, estavam baseados na ideia de que os seres humanos são uma combinação de elementos físicos e espirituais. Achava-se que o lado físico do homem limita o espiritual; por isso, na prática religiosa os indianos procuravam enfraquecer o elemento físico para libertar e fortalecer o espírito. Assim, a prática encontrada pelo Buda na Índia dava ênfase ao ascetismo. Mas, enquanto praticava o ascetismo, o Buda descobriu que não havia limites para a purificação física e que isso tornava a prática religiosa muito pouco realista. Esse tipo de conflito com nosso corpo só termina quando morremos. De acordo com o pensamento indiano, no entanto, nós retornamos em outra vida e em mais outra e outra, repetindo a luta mais e mais vezes, sem nunca alcançar a iluminação perfeita. E ainda que você pense ser possível debilitar a força física o bastante para libertar o poder espiritual, isso só funcionaria enquanto continuasse a praticar o ascetismo. Pois, se você retoma sua vida costumeira, terá que fortalecer seu corpo, mas depois enfraquecê-lo novamente de modo a recuperar seu poder espiritual. E, assim, teria que repetir esse processo indefinidamente. Esta pode ser uma simplificação exagerada a respeito da prática indiana com a qual deparou o Buda, e pode chegar a nos causar riso; contudo, há pessoas que realizam esse tipo de prática até hoje. Às vezes, essa ideia de ascetismo continua enraizada na mente da pessoa sem que ela se aperceba disso. Mas essa forma de prática não resulta em nenhum progresso.

O caminho do Buda foi completamente diferente. No início, ele estudou o método hindu vigente em sua época e região e praticou o ascetismo. Mas o Buda não estava interessado nos elementos que constituíam o ser humano, nem tampouco nas teorias metafísicas da existência. O que, sim, o interessava era saber como ele próprio existia naquele exato momento. Essa era a questão. O pão é feito de farinha. A coisa mais importante para o Buda era saber como a farinha vira pão ao ser colocada no forno. Seu maior interesse era saber como podemos nos tornar iluminados. A pessoa iluminada é alguém perfeito, cuja conduta é desejável tanto para si mesma como para os outros. O Buda queria descobrir como os seres humanos desenvolvem esse estado ideal – como os sábios do passado tinham se tornado sábios. Para descobrir como a massa se transforma em pão perfeito, ele fez o pão repetidas vezes até que obteve êxito.

Talvez se possa achar pouco interessante cozinhar repetidas vezes a mesma coisa, dia após dia. Pode parecer tedioso. De fato, se você perde o espírito de repetição, sua prática se torna bastante difícil, mas não será difícil se você estiver cheio de força e vitalidade. De qualquer modo, não há como ficar inativo; é necessário fazer alguma coisa. Portanto, quando fizer alguma coisa, seja atento, cuidadoso e alerta. Nosso caminho é colocar a massa no forno e observá-la com cuidado. Uma vez que você souber como a massa se transforma em pão, você entenderá a iluminação. Nosso maior interesse, portanto, é saber como este corpo físico se transforma num sábio. Não nos preocupa saber o que a farinha e a massa são, ou o que é um sábio. Um sábio é um sábio. Explicações metafísicas sobre a natureza humana não são a questão.

Assim, o tipo de prática que enfatizamos não pode se tornar demasiado idealista. Se um artista se torna muito idealista, acaba se suicidando, porque há um imenso vão entre seu ideal e sua real habilidade. E ele entra em desespero porque não existe ponte suficientemente extensa para cobrir esse vão. Esse é o caminho espiritual comum. O nosso caminho espiritual não é tão idealista. Todavia, em certo sentido, devemos ser idealistas – devemos pelo menos estar interessados em fazer pães bonitos e saborosos. A verdadeira prática consiste em repetir sem cessar até descobrir como se tornar pão. Não há segredo em nosso caminho. Apenas praticar *zazen* e colocar-nos no forno é nosso caminho.

Zen e Empolgação

"Zen não é uma espécie de empolgação, e
sim concentração em nossa rotina diária."

Meu mestre morreu quanto eu tinha trinta e um anos. Embora eu quisesse me dedicar inteiramente à prática do Zen no mosteiro Eiheiji, tive que sucedê-lo em seu templo. Com isso fiquei muito ocupado e, tão jovem ainda, deparei com muitas dificuldades. Essas dificuldades me deram alguma experiência, mas ela não significava nada comparada ao autêntico, calmo e sereno modo de viver.

É necessário seguir a via constante. O Zen não é uma espécie de empolgação, e sim concentração em nossa rotina diária.

Se você ficar demasiado ocupado e agitado, sua mente se tornará grosseira e instável. Isso não é bom. Se possível, procure ser calmo, alegre, evitando agitações. Por via de regra, tornamo-nos cada vez mais ocupados, dia após dia, ano após ano, especialmente em nosso mundo moderno. Se depois de muito tempo retornamos a lugares que nos eram familiares, ficamos espantados com as mudanças. Isso é inevitável. Mas, se nos interessarmos demais por situações excitantes ou mesmo por nossa própria mudança, ficaremos envolvidos em nossa vida atribulada e nos perderemos. No entanto, se sua mente está calma e firme, você pode se resguardar do mundo barulhento, mesmo no meio dele. Apesar do barulho e das mudanças, sua mente conservará a quietude e estabilidade.

Zen não é uma coisa pela qual devemos nos empolgar. Algumas pessoas começam a praticar Zen apenas por curiosidade e com isso só conseguem ficar mais ocupadas ainda. É ridículo sua prática fazer com que você se torne pior. Eu acho que tentar praticar *zazen* uma vez por semana já o tornará suficientemente ocupado. Não fiquem demasiado interessados no Zen. Quando os jovens se entusiasmam com o Zen, acabam desistindo de seus estudos para irem a alguma montanha ou floresta a fim de praticar *zazen*. Esse tipo de interesse não é o verdadeiro interesse.

Basta continuar a prática de maneira calma e regular e seu caráter irá sendo construído. Se sua mente estiver sempre ocupada, não terá tempo para essa construção e o esforço será estéril, sobretudo quando se empenhar nisso com demasiado afinco. Construir um caráter é como fazer pão – é necessário misturar os ingredientes pouco a pouco, passo a passo, e requer uma temperatura moderada. Você se conhece e sabe qual a temperatura que lhe é necessária. Sabe muito bem do que precisa. Mas se ficar muito empolgado, acabará esquecendo a temperatura que lhe é adequada e perderá seu próprio caminho. Isso é muito perigoso.

O Buda fez a mesma observação a respeito do bom boiadeiro. Ele sabe qual o peso que o boi aguenta e evita sobrecarregá-lo. Você conhece seu caminho e o estado de sua mente. Não se sobrecarregue. O Buda também disse que construir um caráter é como construir uma represa. Deve-se ter muito cuidado ao erguer o muro de contenção. Se for feito precipitadamente, a água vazará. Levante o muro com cautela e terá uma boa barragem para sua água.

Nossa maneira de praticar sem empolgação pode parecer um tanto negativa. Mas não é. Trata-se de uma forma sábia e efetiva de trabalhar sobre nós mesmos. É muito simples. Considero esta questão difícil de as pessoas compreenderem, especialmente as mais jovens. Por outro lado, pode parecer que estou falando de realização gradual. Tampouco é isso. Na verdade, este é o caminho imediato, pois, quando sua prática é calma e regular, a própria vida diária é iluminação.

Esforço Correto

"Quando sua prática é boa, talvez você se torne orgulhoso dela. O que você faz é bom, porém algo a mais está sendo acrescentado. O orgulho está demais. Esforço correto é pôr de lado esse algo a mais."

Em nossa prática, o mais importante é que o esforço seja correto ou perfeito. É necessário esforço correto na direção correta. Se seu esforço está orientado em direção errada, especialmente se você não se apercebe disso, é um esforço enganoso. O esforço em nossa prática deve ser dirigido do resultado para o não resultado.

Geralmente, tudo o que você faz é porque quer alcançar algo, está preso a algum resultado. Direcionar o esforço do resultado para o não resultado quer dizer libertar-se dos resultados desnecessários e maus do esforço. Se você faz algo com espírito de não resultado, há uma qualidade boa no que está fazendo. Portanto, o simples fazer, sem nenhum esforço em particular, é o bastante. Quando você faz um esforço especial para atingir algo, há então uma qualidade excessiva, um elemento extra que está sendo adicionado. Você deve libertar-se dos excessos. Se sua prática estiver sendo boa, inconscientemente você pode começar a se orgulhar dela. Esse orgulho está demais. O que você faz é bom, porém algo a mais está sendo acrescentado. Ponha de lado esse algo a mais. Esta questão é muito, muito importante, mas nem sempre temos suficiente sutileza para perceber isso, e seguimos em frente na direção errada.

Assim, fica difícil percebermos o erro porque todos estamos fazendo a mesma coisa, cometendo o mesmo engano. De forma que, sem nos darmos conta, cometemos erros e criamos problemas. Este tipo de mau esforço é chamado de "escravo-do-Darma" ou "escravo-da-prática". Isto é, você está enredado numa certa ideia do que seja a prática ou seu resultado, e não consegue se libertar. E quando você está envolvido numa ideia dualista, significa que sua prática não é pura. Pureza aqui não tem o sentido de tornar pura uma coisa impura. Por pureza queremos dizer "as coisas tal como elas são". As coisas são o que são e, se algo lhes é acrescentado, elas se tornam impuras. Portanto, quando alguma coisa se torna dualista, ela deixa de ser pura. Desse modo, se você pensa em obter alguma coisa com sua prática de *zazen,* quer dizer que está envolvido em uma prática impura. É correto dizer que há prática e há iluminação, mas não devemos ser capturados por essa afirmação. Não se deixe influenciar por ela. Quando estiver praticando *zazen,* apenas pratique *zazen.* Se a iluminação acontecer, simplesmente acontece. Não devemos nos apegar ao resultado. A verdadeira qualidade do *zazen* está sempre presente, mesmo que você esteja inconsciente disso; portanto, esqueça qualquer ideia de ganho com sua prática. Apenas pratique. A qualidade do *zazen* se expressará por si, então você a terá.

Há pessoas que perguntam o que significa praticar *zazen* sem ideia de ganho, que tipo de esforço é necessário para essa prática. A resposta é: esforço para libertar nossa prática de tudo o que estiver demais. Se surgir alguma ideia de acréscimo, ponha-a de lado e mantenha-se na prática pura. Esse é o ponto para o qual se dirige nosso esforço. Nós dizemos "ouvir o som de uma só mão aplaudindo". O som do aplauso é feito com as duas mãos e pensamos que aplaudir com uma só mão não produz som algum. Mas, na verdade, uma mão *é* som. Embora você não o ouça, há som. Aplaudindo com as duas mãos, você pode ouvir o som. Mas, se o som não existisse antes de você bater palmas, você não poderia produzi-lo. O som já existe antes que você o produza. Porque existe o som é que você pode produzi-lo e ouvi-lo. O som está em toda parte. Até na sua prática há som. Não tente escutá-lo. Mesmo se não o escutar, o som está em toda parte. Porque você tenta ouvi-lo é que às vezes há som e outras não. Você entende? Mesmo que você não faça nada, você sempre tem a qualidade do *zazen*. Mas se você tentar encontrar, ver essa qualidade, não a terá.

Você vive no mundo como um indivíduo mas, antes de tomar forma humana, você já estava aqui, sempre esteve aqui. Sempre estamos aqui. Entende? Você pensa que antes de nascer não estava aqui. Mas, se você não existisse como poderia ter aparecido neste mundo? Porque você já estava é que você pôde aparecer no mundo. Do mesmo modo, não é possível que algo que não existe desapareça. Porque algo existe é que pode desaparecer. Você pode pensar que, quando morre, desaparece, deixa de existir, Mas mesmo que desapareça, algo que é existente não pode ser inexistente. Essa é a magia. Nós mesmos não podemos introduzir nenhuma fórmula mágica neste mundo. O mundo é sua própria magia. Se nós estamos olhando para uma determinada coisa, essa coisa pode desaparecer de nossa vista, mas se não procuramos vê-la não pode desaparecer. Porque você a está observando é que ela pode desaparecer mas, se ninguém está observando, como pode alguma coisa desaparecer? Se alguém o está vigiando, você pode escapar-lhe, mas ainda que ninguém o esteja vigiando você não pode escapar de si próprio.

Portanto, procure não ver nada em particular. Tente não atingir nada em especial. Você já tem tudo em sua própria qualidade pura. Se você entender esta verdade fundamental, o medo deixará de existir. Claro que poderá haver alguma dificuldade, mas não haverá medo. Se as pessoas têm dificuldade e não estão conscientes disso, aí é que está a dificuldade. Elas podem parecer muito confiantes e pensar que estão realizando um grande esforço na direção correta, mas ignoram que o que fazem provém do medo. Algo pode desaparecer para elas. Mas, se seu esforço está na direção correta, então não há medo de perder nada, seja o que for. E ainda que esteja na direção errada, se você está consciente disso, não estará se iludindo. Não há nada a perder. Há apenas a qualidade pura e constante de sua prática correta.

Sem Deixar Rastros

"Ao fazer alguma coisa você deve se consumir completamente, como uma boa fogueira, sem deixar rastro de si próprio."

Quando praticamos *zazen,* nossa mente está calma e livre de complicações. Porém, normalmente está muito ocupada e emaranhada, e é difícil concentrar-se naquilo que se está fazendo. Isso acontece porque antes de agir pensamos e esse pensar deixa rastros. Nossa atividade fica ofuscada pela sombra de uma ideia preconcebida. O pensar não só deixa rastros ou sombras, também nos dá muitas outras noções sobre diferentes atividades e coisas. Esses rastros e ideias tornam nossa mente muito complicada. Quando fazemos uma coisa com a mente clara e livre de complicações, não temos ideias ou sombras, e nossa atividade é vigorosa e direta. Mas quando fazemos algo com uma mente complicada, isto é, envolvida com outras coisas ou pessoas, nossa atividade se torna muito complexa.

A maioria das pessoas tem ideias duplas ou triplas numa mesma atividade. Existe um dito: "Caçar dois passarinhos com uma pedra só".* Isso é o que habitualmente as pessoas tentam fazer. Porque querem caçar pássaros demais, acham difícil concentrar-se em uma só atividade e podem não caçar pássaro algum! Essa maneira de pensar sempre deixa sombras na atividade dessas pessoas. Na realidade, a sombra não é o próprio pensamento. Claro que muitas vezes é necessário pensar, ou preparar-nos antes de agir. Mas o pensamento correto não deixa sombras. Pensamento que deixa rastros provém de uma mente confusa e relativa. Mente relativa é a que se estabelece a si mesma em relação a outras coisas, autolimitando-se. É essa mente pequena que cria ideias de ganho e deixa rastros.

Se você deixar rastros de seu pensamento em sua atividade, ficará apegado aos rastros. Você poderá dizer, por exemplo, "isto é o que fiz". Mas de fato não é assim. Rememorando o feito, é possível que você diga "eu fiz isto e aquilo desse jeito", porém o que você diz não corresponde ao que realmente aconteceu. Ao pensar dessa maneira, você está limitando a experiência real do que fez. Portanto, se você se apega à ideia do que fez, você está implicado em ideias egoístas.

Frequentemente achamos bom o que fizemos, mas de fato pode não ter sido assim. Quando envelhecemos, em geral ficamos orgulhosos daquilo que fizemos. As pessoas acham graça quando ouvem alguém falando com orgulho de algo que fez porque sabem que a memória dessa pessoa está sendo tendenciosa. Sabem que o que a pessoa está dizendo não é exatamente o que ela fez. Além do mais, se uma pessoa se orgulha do que fez, o orgulho vai criar-lhe problemas. Repetindo suas lembranças dessa forma, sua personalidade irá se distorcendo mais e mais, até se tornar uma criatura desagradável e teimosa. Este é um exemplo de como o pensamento deixa rastros. Nós não devemos esquecer o que fizemos, desde que a lembrança esteja livre de rastros adicionais. Deixar rastros não é o mesmo que lembrar alguma coisa. É necessário lembrar o que fizemos, mas não devemos apegar-nos ao que fizemos em nenhum sentido especial.

* Nós diríamos "matar dois coelhos de uma cajadada". (N. da T.)

O que chamamos de "apego" são simplesmente esses rastros do

nosso pensamento e atividade.

A fim de não deixar rastros ao fazer alguma coisa, você tem de fazê-la com todo o seu corpo e a sua mente; deve estar concentrado naquilo que está fazendo. Faça inteiramente, como uma boa fogueira, e não como uma fogueira que apenas faz fumaça. Você deve consumir-se por completo. Se não arder completamente, rastros de você mesmo serão deixados naquilo que fizer. Ficarão resíduos que não se consumiram. Atividade Zen é aquela que se consome inteiramente sem deixar nada além de cinzas. Esse é o objetivo de nossa prática. É isso o que Dogen quis dizer com: "Cinzas não voltam a ser lenha". Cinzas são cinzas. Cinzas devem ser cinzas. Lenha, lenha. Quando ocorre este tipo de atividade, uma só atividade abarca tudo.

Portanto, nossa prática não é uma questão de uma ou duas horas, um dia ou um ano. Se você pratica *zazen* com todo o seu corpo e a sua mente, mesmo por um momento apenas, isso é *zazen*. Momento após momento você tem que dedicar-se à sua prática. Não deve ficar resíduo algum depois de ter feito algo. Mas isto não quer dizer que se deva esquecer tudo a esse respeito. Se você entender este ponto, todo pensamento dualista e todos os problemas da vida se dissiparão.

Quando você pratica Zen você se torna um com o Zen. Não há você e não há *zazen*. Ao inclinar-se em reverência, não há Buda, não há você. O que acontece é uma reverência plena, isso é tudo. Isto é nirvana. Ao transmitir esta prática a Maha Kashyapa, o Buda simplesmente apanhou uma flor, com um sorriso. Apenas Maha Kashyapa entendeu o que ele quis dizer com isso – ninguém mais compreendeu. Não sabemos se esse evento é histórico ou não, mas ele tem um significado. É uma demonstração do caminho da nossa tradição. Uma atividade que abarca tudo é a verdadeira atividade, e o segredo desta atividade foi transmitido desde o Buda até nós. Esta é a prática do Zen e não um punhado de ensinamentos dados pelo Buda, ou algumas regras de vida estabelecidas por ele. Os ensinamentos ou as regras devem mudar de acordo com o lugar e com as pessoas que os observam, mas o segredo desta prática não pode ser mudado. É sempre verdadeiro.

Portanto, para nós não há outra forma de viver neste mundo. Tenho isso como certo, e é fácil de aceitar, de entender e de praticar. Se você comparar o tipo de vida baseado nesta prática com o que está acontecendo no mundo, ou na sociedade humana, descobrirá quão valiosa é a verdade que o Buda nos legou. É muito simples, e a prática é simples também. Mas, ainda assim, não devemos desconsiderá-la; seu grande valor tem que ser descoberto. Em geral, quando algo é muito simples, dizemos: "Ah, eu sei disso! É muito simples. Qualquer um sabe". Mas se não descobrimos seu valor, nada significa. É o mesmo que não saber. Quanto mais você entende a sociedade contemporânea, mais você percebe como é verdadeiro e necessário este ensinamento. Em lugar de ficar apenas criticando sua cultura, você deve devotar sua mente e corpo à prática deste caminho simples. Então, a sociedade e a cultura se desenvolverão a partir de você. Talvez o fato de serem críticos seja válido para aqueles demasiado apegados à sua cultura. Sua atitude crítica indica que estão voltando à verdade simples deixada pelo Buda. Nosso procedimento, entretanto, é apenas concentrar-nos numa prática simples e básica, num entendimento simples e básico da vida. Nossas atividades não devem deixar rastros. Não devemos nos apegar a ideias fantasiosas ou a coisas bonitas. Não devemos ir em busca de algo bom. A verdade está sempre à mão, ao seu alcance.

O Dar de Deus

"Não apego é dar; isto é: não apegar-se a nada é, por si só, dar."

Falando em sentido relativo, tudo quanto existe na natureza, tudo quanto existe no mundo humano, toda obra cultural criada é algo que nos foi e está sendo dado. Mas como originalmente tudo é um, na verdade nós também estamos dando tudo. Momento a momento estamos criando alguma coisa e essa é a alegria da nossa vida. Mas esse "eu" que está sempre criando e dando alguma coisa não é o pequeno "eu", e sim o grande "eu". Mesmo que você não perceba a unidade desse grande "eu" com todas as coisas, ao dar algo, você se sente bem, porque nesse momento você se sente um com aquilo que está dando. Eis por que a gente se sente melhor dando do que recebendo.

Nós dizemos: *"Dana prajna paramita"*. *Dana* significa dar, *prajna* é sabedoria, e *paramita* quer dizer atravessar ou alcançar a outra margem. Nossa vida pode ser vista como a travessia de um rio. O objetivo do esforço da nossa vida é alcançar a outra margem, o nirvana. *Prajna paramita,* a verdadeira sabedoria da vida, é alcançar a outra margem a cada passo do caminho. Alcançar a outra margem com cada um dos passos da travessia é o caminho do verdadeiro viver. *Dana prajna paramita* é a primeira das seis modalidades do verdadeiro viver. A segunda é *sila prajna paramita,* ou seja, os preceitos budistas. Depois temos *kshanti prajna paramita,* perseverança; *virya prajna paramita,* vigor e esforço constantes; *dhyana prajna paramita,* a prática do Zen, e *prajna paramita,* a sabedoria. Na verdade, essas seis *prajna paramita* são uma, mas como a vida pode ser observada de vários ângulos, contamos seis.

O mestre Dogen disse: "Dar é não apego". Quer dizer, não apegar-se às coisas é, por si só, dar. Não importa o que é dado. Dar um vintém ou uma folha que seja, é *dana prajna paramita.* Dar uma linha ou mesmo uma palavra do ensinamento é *dana prajna paramita. A* oferenda de algo material ou de um ensinamento, se feita com espírito de desapego, tem o mesmo valor.

Com o espírito correto, tudo o que fazemos, tudo o que criamos é *dana prajna paramita.* Por isso Dogen disse: "Produzir algo, participar das atividades humanas, também é *dana prajna paramita".* Proporcionar às pessoas um barco de transporte ou uma ponte é *dana prajna paramita.* Na verdade, dar uma linha do ensinamento pode equivaler a construir um barco para alguém.

De acordo com o cristianismo, todas as coisas existentes na

natureza foram criadas e dadas a nós por Deus. Esta é a ideia perfeita do dar. Mas se você pensa que Deus criou o homem e que você, de algum modo, está separado de Deus, é capaz de pensar que pode criar algo independente, algo que não tenha sido dado por Ele. Por exemplo, nós criamos autoestradas e aviões e de tanto repetir "eu crio, eu crio, eu crio", acabamos esquecendo quem é realmente o "eu" que cria coisas e logo nos esquecemos de Deus. Este é o perigo da cultura humana. Na verdade, criar com o "grande eu" é dar; não podemos criar nem possuir o que criamos, uma vez que tudo é criado por Deus. Lembre-se sempre disto. É porque esquecemos quem é que está criando, e qual a razão da criação, que nos apegamos aos objetos ou ao seu valor de troca. Isto é insignificante comparado ao valor absoluto de algo como a criação de Deus. Ainda que uma coisa não tenha nenhum valor material ou relativo para o "eu pequeno", ela tem, em si, valor absoluto. Não estar apegado a uma coisa é estar consciente do seu valor absoluto. Tudo o que você faz deve ser baseado nessa consciência, e não em conceitos de valor material ou egocentrados. Então, o que quer que você faça é o dar verdadeiro, é *dana prajna paramita*.

Quando nos sentamos na postura de pernas cruzadas, retomamos nossa atividade fundamental de criação. Pode-se dizer que há três tipos de criação. O primeiro é tomarmos consciência de nós mesmos depois de terminado o *zazen*. Enquanto sentados, nós somos nada, nem sequer nos damos conta do que somos: apenas sentamos. Mas quando nos levantamos, então estamos aí! Esse é o primeiro passo na criação. Quando você está aí, todas as outras coisas também estão; tudo é criado a um só tempo. Quando emergimos do nada, quando todas as coisas emergem do nada, vemos tudo como uma criação nova e original. Isso é não apego. O segundo tipo de criação é quando você age, produz ou prepara alguma coisa, como comida ou chá. O terceiro, é criar algo dentro de você mesmo, tal como educação, cultura, arte ou algum sistema para nossa sociedade. Assim, há três tipos de criação. Mas se você esquece o primeiro, o mais importante deles, os outros dois serão como crianças que perderam seus pais – não terão rumo algum.

Geralmente as pessoas se esquecem do *zazen.* Esquecem-se de Deus. Elas trabalham com afinco no segundo e terceiro tipo de criação, mas não há ajuda de Deus nessa atividade. Como é possível Ele ajudar se você não se dá conta de quem realmente Ele é? Eis por que temos tantos problemas neste mundo. Quando nos esquecemos da fonte fundamental de nossa criatividade, ficamos como crianças que não sabem o que fazer quando perdem seus pais.

Se você compreender *dana prajna paramita,* entenderá como é que criamos tantos problemas para nós mesmos. Claro, viver é criar problemas. Se não tivéssemos aparecido no mundo, nossos pais não teriam tido dificuldades conosco! Criamos problemas para eles pelo simples fato de termos aparecido. Isto é certo; tudo cria problemas. E, em geral, as pessoas pensam que ao morrer tudo está acabado, todos os problemas desaparecem. Mas sua morte também pode criar problemas. Na verdade, os nossos problemas devem ser resolvidos ou dissolvidos nesta vida.

Se estamos cônscios de que aquilo que fazemos ou criamos é realmente o dom do "grande eu", então não nos apegamos ao feito, e desse modo não criamos problemas nem para nós nem para os outros.

Além do mais, dia após dia devemos esquecer o que fizemos; este é o verdadeiro não apego. E devemos fazer algo novo. Para fazermos algo novo, é óbvio que precisamos conhecer nosso passado, e isso está certo. Mas não devemos agarrar-nos àquilo que fizemos; devemos apenas levá-lo em consideração. É igualmente necessário ter alguma ideia do que devemos fazer no futuro. Mas futuro é futuro e passado é passado; aqui, agora, devemos trabalhar em algo novo. Essa é nossa atitude, e é assim que temos de viver neste mundo. Isto é *dana prajna paramita:* dar alguma coisa ou criar alguma coisa por nós próprios. Portanto, fazer alguma coisa é assumir nossa verdadeira atividade criadora. Eis por que nos sentamos. Se não esquecermos esta questão, tudo correrá bem. Mas se esquecermos, o mundo se encherá de confusão.

Erros na Prática

"Quando sua prática é um tanto ambiciosa é que você desanima com ela. Logo, você deveria ser grato por receber um sinal, um aviso mostrando o ponto fraco de sua prática."

É necessário compreender que há diversas formas impróprias de praticar. Geralmente, quando você começa a praticar *zazen*, torna-se muito idealista e estabelece um modelo ou uma meta que você luta por alcançar e realizar. Mas, como já disse várias vezes, isso é um contrassenso. Ao ser idealista, você alimenta alguma ideia de ganho; no momento em que alcançar seu ideal ou objetivo, sua ideia de ganho irá criar um novo ideal. Portanto, enquanto sua prática estiver fundada em uma ideia de ganho e você fizer *zazen* de forma idealista, não haverá tempo que chegue para atingir de fato o seu ideal. Além do mais, você estará sacrificando o próprio cerne de sua prática. Porque ao colocar seu objetivo sempre à frente, você estará prejudicando-se agora por um ideal futuro. Assim não se consegue nada. Isso carece de sentido; não é absolutamente uma prática adequada. Mas pior ainda que essa atitude idealista é praticar *zazen* competindo com outra pessoa. Essa é uma maneira pobre e desprezível de praticar.

Nossa maneira Soto de praticar enfatiza o *shikan taza*, ou seja, "simplesmente sentar-se". Na verdade, não temos nenhum nome especial para nossa prática; quando praticamos *zazen* apenas praticamos e, quer encontremos ou não alegria nessa prática, simplesmente a realizamos. Mesmo que estejamos com sono ou cansados de praticar *zazen*, pelo fato de repetir a mesma coisa dia após dia, mesmo assim, continuamos nossa prática. Haja ou não alguém que encoraje nossa prática, nós simplesmente a fazemos.

Mesmo que você pratique *zazen* sozinho, sem um mestre, penso que encontrará maneiras de saber se sua prática é adequada ou não. Quando estiver cansado de sentar ou entediado com sua prática, deve reconhecer nisso um sinal, um aviso. Você desanima com sua prática quando ela é idealista. Tendo alguma ideia de ganho, sua prática não está sendo suficientemente pura. Quando sua prática é um tanto ambiciosa é que você desanima com ela. Logo, você deveria ser grato por receber um sinal, um aviso indicando o ponto fraco de sua prática. A essa altura, deixando para trás seu erro e renovando seu caminho, você pode retomar sua prática original. Este é um ponto muito importante.

Enquanto continuar praticando você estará em segurança mas, como é muito difícil perseverar, tem de procurar um jeito de encorajar a si mesmo. Por ser difícil encorajar a si mesmo sem se envolver em alguma forma imprópria de prática, perseverar sozinho na prática pura pode ser bastante árduo. É por isso que temos um mestre. Com seu mestre você pode corrigir sua prática. Claro que com ele você passará momentos duros; entretanto, estará livre de praticar de maneira errada.

A maioria dos monges zen-budistas passou tempos difíceis com seus mestres. Quando eles falam sobre as dificuldades, você pode pensar que sem passar por elas não conseguirá praticar *zazen*. Mas não é verdade. Tendo ou não dificuldades na prática, desde que persevere, ela estará sendo pura no seu verdadeiro sentido, mesmo que você não esteja consciente disso. Eis a razão pela qual Dogen disse: "Não pense que você necessariamente terá consciência de sua iluminação". Esteja ou não consciente dela, você tem sua iluminação verdadeira dentro da sua prática.

Outro engano é praticar pelo prazer que isso lhe proporciona. De fato, quando sua prática está envolvida com um sentimento de gozo, não é a melhor prática. Claro que nesse caso não se trata de uma forma imprópria de praticar, mas, se comparada à verdadeira prática, não é tão boa. No budismo Hinayana a prática é classificada em quatro etapas. A melhor delas é praticar sem ter com isso qualquer alegria, nem mesmo alegria espiritual. Simplesmente praticar, esquecendo suas sensações tanto físicas como mentais, esquecendo tudo acerca de você mesmo e de sua prática. Essa é a quarta etapa, a mais elevada de todas. A etapa precedente é a de ter simplesmente prazer físico na prática.

Nessa etapa você sente prazer com sua prática e a leva adiante por causa do prazer que encontra nisso. Na segunda etapa, encontrará prazer físico e também mental, ou seja, bem-estar. Nessas duas etapas intermediárias, você pratica *zazen* pelo bem-estar que sente na sua prática. A primeira etapa é quando você não tem nem pensamento nem curiosidade na sua prática. Essas quatro etapas se aplicam também à nossa prática Mahayana, e a mais elevada é apenas praticar.

Se você encontrar dificuldades em sua prática, é sinal de que tem alguma ideia errada a respeito dela e convém tomar cuidado. Mas não abandone a prática; continue com ela ciente da sua fragilidade. Aqui não há ideia de ganho. Aqui não há ideia fixa de conquista. Você não diz "isto é iluminação" ou "essa não é a prática correta". Mesmo na prática errada, desde que tome consciência do fato e persevere, sua prática estará sendo correta. Nossa prática pode não ser perfeita, mas temos de continuar, sem permitir que isso nos desencoraje. Esse é o segredo da prática.

E se você quiser encontrar algum incentivo dentro do seu desânimo, o próprio cansar-se da prática já é por si só um estímulo. Encoraje a si próprio quando estiver cansado dela. O não querer fazê-la é um sinal de aviso. É como a dor provocada pelo dente que não está bom. Quando você sente dor de dentes você vai ao dentista. Esse é o nosso caminho.

A causa do conflito é alguma ideia preconcebida ou unilateral. Quando todos reconhecerem o valor da prática pura, haverá poucos conflitos em nosso mundo. Este é o segredo da nossa prática e o caminho do mestre Dogen. Dogen insiste nesta questão no livro *Shobogenzo* ("Um tesouro do verdadeiro Darma").

Se você entender que a causa do conflito está nas ideias preconcebidas ou unilaterais, pode encontrar sentido em várias práticas sem se deixar prender por nenhuma delas. Se não se aperceber disso, você poderá facilmente ficar aprisionado a alguma forma particular e dirá: "Isto é iluminação! Esta é a prática perfeita. Este é o nosso caminho; os outros não são perfeitos. Este é o melhor caminho". Grande equívoco. Na verdadeira prática não há caminho especial. Você deve descobrir seu próprio caminho e saber que tipo de prática está fazendo a cada momento. Conhecendo tanto as vantagens como as desvantagens de uma determinada prática, você pode segui-la sem perigo. Mas se tiver uma atitude unilateral, ignorará as desvantagens da prática e dará importância apenas ao lado bom dela. Afinal, você descobrirá o lado pior da prática e ficará desanimado com ela quando já for tarde demais. Isso é tolo. Devemos ser gratos aos antigos mestres por terem nos advertido sobre este equívoco.

Limitando sua Atividade

"Geralmente, quando alguém acredita em uma religião em particular, sua atitude se torna como um ângulo cada vez mais agudo e apontado para fora de si. Em nosso caminho, o vértice desse ângulo sempre aponta para nós mesmos."

Em nossa prática não há propósito ou meta específicos, nem objeto especial de devoção. Nesse ponto, nossa prática é bastante diferente das práticas religiosas usuais. Joshu, um grande mestre Zen, disse: "Um Buda de barro não pode atravessar a água; um Buda de bronze não pode atravessar uma fornalha; um Buda de madeira não pode atravessar o fogo". Se sua prática está dirigida para algum objeto em particular, seja ele qual for, tal como um Buda de barro, de bronze ou madeira, nem sempre será eficaz. Enquanto tiver alguma meta particular em sua prática, ela não o auxiliará completamente. Será útil enquanto você estiver orientado para essa meta. Mas quando retomar a vida diária, não lhe servirá.

Você pode pensar que, não havendo propósito ou meta em nossa prática, não saberemos o que fazer. Mas existe uma maneira. A maneira de praticar sem ter em mente um propósito é restringir sua atividade ou concentrar-se no que estiver fazendo a cada momento. Em lugar de ter em mente uma finalidade específica, você deve limitar sua atividade. Quando sua mente está vagando por outros lugares, você não tem oportunidade de expressar a si próprio. Mas se limitar sua atividade àquilo que está fazendo agora mesmo, neste exato momento, então você pode expressar sua verdadeira natureza de forma plena, que é a natureza universal de Buda. Este é o nosso caminho.

Quando praticamos *zazen*, restringimos ao máximo nossa atividade. Expressamos a natureza universal apenas mantendo a postura correta e a concentração no sentar. Então nos tornamos Buda e expressamos sua natureza. Em vez de termos um objeto de devoção, simplesmente nos concentramos na atividade que temos a cada momento. Quando se prostrar, deve apenas prostrar-se, quando se sentar, apenas sentar-se, enquanto come, apenas comer! Desse modo, a natureza universal estará presente. Em japonês diz-se *ichigyo-zammai* ou "samádi da ação única". *Zammai* (samádi) é "concentração". *Ichigyo* é "prática única".

Acho que alguns de vocês, que praticam *zazen* aqui, podem acreditar em alguma outra religião. Isso não tem importância alguma. Nossa prática não tem nada a ver com crenças religiosas, sejam elas quais forem. E vocês não precisam hesitar em praticar nosso caminho pelo fato de ele não ter nada a ver com cristianismo, xintoísmo ou hinduísmo. Nossa prática é para todos. Geralmente, quando alguém acredita em alguma religião em particular, sua atitude se torna como um ângulo cada vez mais agudo e apontado para fora de si. Mas o nosso caminho não é esse. Em nosso caminho, o vértice desse ângulo sempre aponta para nós mesmos. Por isso, não há por que se preocupar com a diferença entre o budismo e a religião que vocês seguem. As palavras de Joshu acerca dos diferentes Budas diz respeito àqueles cuja prática é dirigida a algum Buda em particular. Um Buda em particular não servirá a seus propósitos inteiramente. A certa altura, você terá que descartá-lo, ou pelo menos ignorá-lo. Mas se entender o segredo de nossa prática, onde quer que vá, você será o soberano. Não importa qual a situação, você não pode desconsiderar o Buda porque você mesmo é o Buda. Só esse Buda poderá ajudá-lo plenamente.

Estudar a Si Mesmo

"Não se trata de ter um profundo sentimento acerca do budismo; simplesmente fazemos o que deve ser feito, tal como jantar e ir para a cama. Budismo é isso."

O propósito do estudo do budismo não é estudar budismo, mas estudar a nós mesmos. É impossível estudar a nós mesmos sem algum ensinamento. Para saber o que é a água, você precisa da ciência, e o cientista, de um laboratório. No laboratório há vários meios de estudar o que é a água. Assim, torna-se possível saber os elementos que ela contém, quais as diferentes formas que assume e qual sua natureza. Contudo, é impossível saber por esse meio o que é a água em si. Acontece o mesmo conosco. Precisamos de algumas instruções, mas só pelo estudo do que foi ensinado não é possível saber o que "eu" sou em mim mesmo. Através do ensino podemos compreender nossa natureza humana. Porém, os ensinamentos não são nós mesmos: são uma explicação sobre nós. Portanto, se você se apegar ao ensinamento ou ao mestre, cairá em um grande erro. Quando encontrar um mestre deve "deixá-lo" e ser independente. Você tem necessidade de mestre para tornar-se independente. Se não se apegar a ele, o mestre lhe mostrará o caminho em direção a você mesmo, e você terá um mestre por você e não por ele.

Rinzai, um dos primeiros mestres do Zen chinês, explicou quatro maneiras de ensinar a seus discípulos. Por vezes ele falava acerca do próprio discípulo; outras, acerca do próprio ensinamento; por vezes dava uma explanação do discípulo ou do ensinamento; e, finalmente, às vezes não dava nenhuma instrução aos discípulos. Ele sabia que, mesmo sem receber ensinamento, um estudante é um estudante. A rigor, não há necessidade de ensinar o estudante, porque ele é o próprio Buda, ainda que não esteja ciente disso. E, mesmo que ele tenha consciência de sua verdadeira natureza, se se apegar a ela, já estará incorrendo em erro. Quando não está consciente disso, ele tem tudo, mas quando se torna consciente disso, ele pensa que é aquilo de que tem consciência, o que é um grande equívoco.

Quando nada está sendo dito pelo seu mestre e você está simplesmente sentado em *zazen,* a isso chamamos de ensino sem ensino. Mas às vezes isso não basta, então escutamos palestras e participamos de debates. Contudo, não devemos esquecer que o propósito fundamental da prática é estudar a nós mesmos. Nós estudamos para nos tornarmos independentes. Como os cientistas, temos que dispor de meios para estudar. Precisamos de um professor porque é impossível estudar a si mesmo por conta própria. Mas não se engane, não tome para si próprio aquilo que aprendeu do mestre. O estudo que você faz com seu mestre é parte de sua vida diária, parte de uma atividade incessante. Neste sentido, não há diferença entre a prática e a atividade da sua vida diária. Portanto, encontrar o sentido de sua vida no *zendô* é encontrar o sentido de sua atividade cotidiana. Pratica-se *zazen* para tomar consciência do sentido da vida.

Quando eu estava no mosteiro Eiheiji no Japão, todos faziam simplesmente o que tinha de ser feito. Isso é tudo. É como acordar de manhã: temos que levantar. No mosteiro Eiheiji, quando tínhamos que sentar, sentávamos; quando tínhamos que reverenciar o Buda, reverenciávamos. É tudo. E quando estávamos praticando, não sentíamos nada especial. Nem mesmo que estávamos levando uma vida monástica. Para nós, a vida monástica era a vida comum, e as pessoas que vinham da cidade é que eram incomuns. Quando as víamos, então pensávamos: "Oh! chegaram umas pessoas diferentes".

Em uma ocasião em que deixei Eiheiji e fiquei fora uns tempos, ao voltar foi diferente. Ao ouvir os vários sons da prática – os sinos e os monges recitando sutras – experimentei um profundo sentimento. Lágrimas brotaram em meus olhos e escorreram pelo nariz e pela boca! São as pessoas que vivem fora do mosteiro que sentem sua atmosfera. Aqueles que estão praticando, na verdade, nada sentem. Assim é com todas as coisas. Quando ouvimos o som dos pinheiros num dia ventoso, talvez o vento esteja apenas soprando e o pinheiro, exposto ao vento.

É tudo quanto está acontecendo. Mas as pessoas que ouvem o vento batendo na árvore escreverão um poema ou sentirão coisas incomuns. Penso que é assim a maneira de ser de todas as coisas.

Portanto, sentir algo acerca do budismo não é o que importa. Se esse sentimento é bom ou mau, está fora de questão. Seja o que for, não nos importamos com isso. Budismo não é bom nem mau. Fazemos o que deve ser feito. Isso é budismo. Claro, um pouco de estímulo é necessário, mas esse estímulo é apenas estímulo. Não é o verdadeiro propósito da prática. É tão somente um remédio. Quando ficamos desanimados queremos algum medicamento. Quando estamos bem dispostos não precisamos de medicamentos. Não devemos confundir medicamento com alimento. Por vezes, o medicamento é necessário, mas não deve tornar-se nosso alimento.

Então, entre as quatro formas de prática do mestre Rinzai, a mais perfeita é a que não dá ao estudante nenhuma interpretação dele próprio e tampouco lhe oferece estímulos. Se nos considerarmos um corpo, o ensinamento poderia ser, talvez, nossa roupa. Às vezes falamos sobre nossa roupa, às vezes sobre nosso corpo. Mas nem o corpo nem a roupa são na verdade nós mesmos. Nós próprios somos a grande atividade. Estamos simplesmente expressando a mais ínfima parcela da grande atividade, eis tudo. Então está certo falar de nós mesmos, mas não há de fato necessidade disso. Antes de abrir a boca, já estamos expressando a grande existência, incluídos nós mesmos. Então, o propósito de falar sobre nós mesmos é corrigir o mal-entendido que surge quando estamos apegados a alguma forma ou cor circunstancial da grande atividade. E necessário falar sobre o que é nosso corpo, o que é nossa atividade, para que não cometamos equívocos a esse respeito. Portanto, falar de nós mesmos é, na verdade, esquecer-nos de nós mesmos.

O mestre Dogen disse: "Estudar budismo é estudar a nós mesmos. Estudar a nós mesmos é esquecer-nos de nós mesmos". Quando você se apega a uma expressão circunstancial de sua natureza verdadeira, é necessário falar de budismo, do contrário você poderá pensar que essa expressão temporal é sua verdadeira natureza. Contudo, ela não é sua verdadeira natureza. E, no entanto, ao mesmo tempo também o é. É durante um momento; é durante a mais ínfima fração de tempo. Mas não é sempre assim: no instante seguinte já deixa de sê-lo e por isso mesmo não o é. Para que se compreenda este fato é necessário estudar budismo. Mas o propósito de estudar budismo é estudar a nós mesmos e esquecer-nos de nós mesmos. Quando nos esquecemos de nós mesmos, somos de fato a verdadeira atividade da grande existência, ou a própria realidade. Quando percebemos isto, deixa de haver qualquer problema neste mundo e podemos desfrutar a nossa vida sem sentir quaisquer dificuldades. O propósito de nossa prática é nos apercebermos deste fato.

Polir uma Telha

"Quando você se torna você, Zen torna-se Zen. Quando você é você, vê as coisas como elas são e se torna um com tudo o que o cerca."

As histórias Zen ou *koans** são muito difíceis de compreender antes de sabermos o que estamos fazendo momento após momento. Porém, se estamos cientes do que fazemos a cada momento, os *koans* não parecerão tão difíceis. Há muitos *koans*. Eu já lhes falei sobre a rã e toda vez que falo dela, vocês riem. Mas uma rã é realmente muito interessante. Ela também se senta igual a nós, sabem? Mas nem por isso ela acha que está fazendo algo especial. Quando você vai para o *zendô* e se senta, poderá pensar que está fazendo algo especial. Enquanto sua mulher, ou seu marido, está dormindo, você está praticando *zazen*!

---

* *Koans:* histórias curtas, paradoxais, destinadas a desafiar a racionalidade do praticante. (N. da T.)

Isto é, você está fazendo algo especial e sua mulher é uma preguiçosa! Talvez seja esse seu entendimento do *zazen*. Mas olhe a rã. Ela também se senta como nós, mas não tem nenhuma ideia de *zazen*. Observe-a. Se alguma coisa a incomoda, ela faz careta. Se alguma coisa de comer se aproxima, ela a abocanha e engole, sentada. Na verdade, esse é nosso *zazen* – nada de especial.

Vejamos um *koan-rã:* Bashô foi um famoso mestre Zen conhecido como Mestre-Cavalo. Ele era discípulo de Nangaku que, por sua vez, era um dos discípulos do Sexto Patriarca. Um dia, quando estudava com Nangaku, Bashô estava sentado praticando *zazen*. Ele era um homem corpulento; quando falava, sua língua chegava até o nariz, sua voz era potente e seu *zazen* devia ser ótimo. Assim sentado, Nangaku o viu como uma grande montanha ou uma rã. Então lhe perguntou: "O que é que você está fazendo?" "Estou praticando *zazen*", respondeu Bashô. "Por que está praticando *zazen*?" "Eu quero alcançar a iluminação, eu quero ser um Buda", respondeu o discípulo. Sabe o que o mestre fez? Apanhou uma telha e pôs-se a poli-la. No Japão, costuma-se polir as telhas depois de tirá-las do forno, para dar-lhes um belo acabamento. Por isso, Nangaku apanhou uma telha e começou a poli-la. Bashô, seu discípulo, perguntou então: "O que é que o senhor está fazendo?" "Eu quero transformar esta telha em joia", respondeu Nangaku. "Como é possível transformar uma telha em joia?", perguntou Bashô. "Como é possível tornar-se um Buda praticando *zazen*?", respondeu Nangaku. "Você quer alcançar o estado de Buda? Não há estado de Buda fora de sua mente comum. Quando uma carroça encalha, o que é que você chicoteia, a carroça ou o cavalo?", perguntou o mestre.

O que Nangaku quis dizer é que qualquer coisa que você faça é *zazen*. O verdadeiro *zazen* está além do estar deitado na cama ou sentado no *zendô*. Se seu marido, ou esposa, está na cama, isso também é *zazen*. Se você pensa: "Eu estou sentado aqui e minha esposa está na cama", então, mesmo que esteja sentado em lótus completo, seu *zazen* não está sendo verdadeiro. Você deveria ser sempre como a rã. Esse é o verdadeiro *zazen*.

O mestre Dogen fez um comentário sobre este *koan*. Ele disse:

"Quando o Mestre-Cavalo se torna Mestre-Cavalo, o Zen se torna Zen". Quando Bashô se torna Bashô, seu *zazen* se torna verdadeiro *zazen,* e Zen se torna Zen. O que é verdadeiro *zazen*? Quando você se torna você! E quando você se torna você, o que quer que faça é *zazen*. Embora na cama, você pode não ser você mesmo a maior parte do tempo. Assim como, apesar de sentado no *zendô,* pergunto-me se você está sendo você mesmo, no verdadeiro sentido.

Eis outro *koan* famoso. Zuikan era um mestre Zen que costumava falar consigo mesmo. "Zuikan", chamava ele e em seguida respondia, "sim". "Zuikan", "sim". Ele vivia sozinho em seu pequeno templo e claro que sabia quem era, mas, às vezes, ele se perdia de si. E sempre que isso acontecia, chamava: "Zuikan", "sim"!

Se fizermos como a rã, seremos sempre nós mesmos. Mas até uma rã às vezes se perde de si e faz caretas. E se alguma coisa aparece ela a abocanha e engole. Acho que a rã está sempre se reportando a ela mesma. Eu acredito que você deveria fazer outro tanto. Até no *zazen* você pode se perder de si mesmo. Quando fica sonolento ou quando sua mente começa a vaguear, você se perde de si mesmo. Quando suas pernas começam a doer – "por que minhas pernas estão doendo tanto?" – você se perde de si. E, por ter se perdido, seu problema se torna realmente um problema. Se você não se perde, ainda que surja alguma dificuldade, esta não será de fato um problema. Você apenas se senta em meio ao problema; quando você é parte do problema, ou quando o problema é parte de você, não *há* problema, porque você é o próprio problema. O problema é você mesmo. Desse modo, não há problema.

Quando sua vida é parte de seu meio ambiente – em outras palavras, quando você volta a si mesmo, ao momento presente – então não há problemas. Quando você começa a divagar em torno de uma ilusão que está fora de você mesmo, então o ambiente à sua volta deixa de ser real e também a sua mente. Quando você se deixa levar pela ilusão, a realidade que o cerca também se torna ilusória, vaga, nebulosa. Uma vez que você se deixar levar por uma ilusão, esta não terá mais fim. Você se enredará em ideias ilusórias, uma após a outra. A maior parte das pessoas vive imersa em ilusão, enredada em seus problemas, tentando resolvê-los. Mas basta estar vivo para que haja problemas. E a maneira de resolvê-los é tornar-se parte deles, ser um com eles.

Assim, o que é que você chicoteia, a carroça ou o cavalo? Chicoteia você mesmo ou o problema? Se começar a se questionar qual deles deve chicotear, significa que você já começou a divagar. Mas quando você chicoteia de fato o cavalo, a carroça anda. Em última instância, a carroça e o cavalo não são diferentes. Quando você é você, o problema de chicotear a carroça ou o cavalo não existe. Quando você é você, o *zazen* se torna verdadeiro *zazen*. Assim, quando você pratica *zazen,* seu problema e tudo mais estarão praticando *zazen* também. Mesmo que sua esposa esteja na cama, ela também estará praticando *zazen* — desde que *você mesmo* o esteja praticando! Mas quando você não está praticando o verdadeiro *zazen,* então haverá sua esposa, haverá você mesmo, cada coisa diferente e separada da outra. Portanto, se você mesmo estiver realmente praticando, tudo o mais também estará praticando nosso caminho ao mesmo tempo.

Eis por que devemos sempre nos reportar a nós mesmos, examinando-nos, como um médico que se ausculta. Isso é muito importante. Este tipo de prática deve ser mantido momento após momento, incessantemente. Nós costumamos dizer: "Quando é noite, a aurora vem vindo". Quer dizer, não existe interrupção entre a noite e a aurora. O outono chega antes que o verão termine. Assim é que temos de entender nossa vida. Devemos praticar com esse entendimento e resolver nossos problemas dessa maneira. Na verdade, basta trabalhar no problema, desde que o faça com absoluto empenho. Você deve apenas polir a telha; essa é a nossa prática. O propósito da prática não é fazer da telha uma joia. Simplesmente, continue a sentar, essa é a prática em seu verdadeiro sentido. A questão não é saber se é possível ou não alcançar o estado de Buda; se é possível ou não fazer de uma telha uma joia. O mais importante é apenas trabalhar e viver neste mundo com esta compreensão. Essa é a nossa prática. Isso é o verdadeiro *zazen*. Por isso dizemos: "Quando estiver comendo, coma!" Você deve comer o que está comendo. Mas nem sempre você o faz. Mesmo que esteja mastigando, sua mente está em outro lugar. E você não saboreia o que tem na boca. Se você é capaz de comer enquanto estiver comendo, você está certo. Não há com que se preocupar. Significa que está sendo você mesmo.

Quando você é você mesmo, vê as coisas como elas são e se torna um com tudo o que o rodeia. Aí está seu verdadeiro ser. Aí você tem a prática verdadeira, a prática de uma rã. Ela é um bom exemplo da nossa prática – quando uma rã se torna uma rã, Zen torna-se Zen. Quando você compreende plenamente a rã, alcança a iluminação; você é Buda. E você também beneficia outros: marido, mulher, filho ou filha. Isso é *zazen!*

Constância

"Aquele que conhece o estado de vacuidade sempre será capaz de dissolver seus problemas pela constância."

Hoje, nossa mensagem é: "Cultive seu próprio espírito". Isto significa: não busque algo fora de você mesmo. Esta é uma questão muito importante e a única maneira de se praticar Zen. Claro que estudar as escrituras, recitar sutras ou sentar-se é Zen; cada uma dessas atividades deveria ser Zen. Mas, se seu esforço ou prática não tiverem a orientação correta, não irão funcionar. Não só não funcionarão como poderão prejudicar sua natureza pura. Nesse caso, quanto mais souber a respeito do Zen, mais prejudicado você será. Sua mente se encherá de lixo e se tornará impura.

É bastante comum juntarmos fragmentos de informação de diversas fontes, pensando que desse jeito aumentamos nosso conhecimento. Agindo desse modo, acabaremos não sabendo nada sobre coisa alguma. Nosso entendimento do budismo não deveria consistir em acumular fragmentos variados de informação com o propósito de obter conhecimento. Em vez de acumular conhecimentos, procure aclarar sua mente. Se sua mente está clara, o verdadeiro conhecimento já é seu. Quando você ouve nossos ensinamentos com uma mente pura e clara, pode aceitá-los como se estivesse escutando algo que já sabia. A isso chamamos de vacuidade, poder pleno, ou saber pleno. Quando você sabe tudo, você é como um céu escuro. Às vezes surge um relâmpago nesse céu. Depois que ele passa, você o esquece completamente e nada resta além do céu escuro. O céu jamais se surpreende quando um raio, de súbito, irrompe nele. E, quando o relâmpago resplandece, pode-se ter uma visão maravilhosa. Quando estamos esvaziados, estamos sempre prontos para contemplar o esplendor.

Na China, Rozan é famosa por sua paisagem envolta em névoa. Eu ainda não estive na China, mas devem existir belas montanhas por lá. E ver as nuvens e a névoa deslizando em meio às montanhas deve ser um espetáculo maravilhoso. Embora seja maravilhoso, um poema chinês diz: "Rozan é famosa por seus dias enevoados e chuvosos e o grande rio Sekko, por suas marés que vão e vêm. Isso é tudo". Só isso, mas é esplêndido. Eis como apreciamos as coisas.

Assim, você deve aceitar o conhecimento como se escutasse algo que já soubesse. Mas, isso não significa receber vários fragmentos de informação, como um mero eco de suas próprias opiniões. Significa que não deve se surpreender com o que quer que veja ou ouça. Se você recebe as coisas apenas como um eco de si mesmo, você não as vê realmente, não as aceita inteiramente, tais como são. Portanto, quando dizemos "Rozan é famosa por seus dias enevoados e chuvosos", não significa que se aprecie essa paisagem pela recordação de alguma outra que já tenhamos visto anteriormente: "Não é tão bonita assim; eu já vi isso antes", ou "eu já pintei quadros muito mais bonitos! Rozan não é nada!" Esse não é nosso caminho. Se você está pronto para aceitar as coisas como elas são, você as receberá como velhas amigas, embora as aprecie com um novo sentimento.

Tampouco devemos armazenar conhecimento; temos de estar livres de nosso conhecimento. Arrecadar pedaços variados de conhecimento pode ser muito interessante como coletânea, mas esse não é nosso caminho. Não devemos tentar impressionar as pessoas com nossos maravilhosos tesouros. Não devemos estar interessados em nada especial. Se quer apreciar alguma coisa plenamente, tem de esquecer-se de você mesmo e aceitá-la como o clarão de um relâmpago na total escuridão do céu.

Às vezes achamos impossível entender uma coisa que não nos é familiar; mas, na realidade, nada há que não nos seja familiar. Alguns dirão: "É quase impossível entender o budismo porque nossa herança cultural é muito diferente. Como se pode entender o pensamento oriental?" É claro que o budismo não pode ser separado de sua raiz cultural. Isto é verdade. Mas se um budista japonês vem para os Estados Unidos, ele não é mais japonês. Eu estou vivendo no ambiente cultural de vocês. Estou comendo praticamente a mesma comida que vocês e me comunicando na vossa própria língua. Ainda que vocês não me compreendam completamente, eu desejo compreender vocês. E pode ser que os compreenda melhor do que alguém que entenda e fale bem inglês. Esta é a verdade. Mesmo que eu não entendesse nada de inglês, penso que poderia me comunicar com as pessoas. Sempre há possibilidade de compreender, desde que se viva na total escuridão do céu, desde que se viva na vacuidade.

Já disse muitas vezes que devem ser pacientes se quiserem entender o budismo; mas venho procurando um termo mais apropriado que paciência. A tradução comum para a palavra japonesa *nin* é "paciência"; porém, "constância" talvez seja melhor. Para ser paciente é necessário fazer um esforço, mas a constância não requer nenhum esforço especial – apenas a habilidade imutável de aceitar as coisas tais como são. Para as pessoas que não têm ideia do que seja vacuidade, tal habilidade pode parecer paciência; mas a paciência, na verdade, pode ser uma não aceitação. Aqueles que conhecem, ainda que intuitivamente, o estado de vacuidade, sempre têm aberta a possibilidade de aceitar as coisas tais como são. Podem apreciar tudo. Em tudo quanto fazem, mesmo que seja muito difícil, sempre estarão aptos a dissolver seus problemas por meio da constância.

Nin é a maneira de cultivarmos nosso próprio espírito. *Nin* é a maneira de nossa prática contínua. Deve-se viver sempre na escuridão vazia do céu. O céu é sempre o céu. Ainda que apareçam nuvens ou relâmpagos, o céu não se perturba. Mesmo que irrompa a luz do relâmpago, nossa prática não se detém nela. Assim se está pronto para outra iluminação. É necessário que tenhamos iluminação, uma após outra; se possível, momento após momento. É o que se chama iluminação antes e depois de ser atingida.

Comunicação

*"Expressar-se livremente, tal como você é,
sem intenção de adaptar-se a alguma maneira de ser
imaginária é o mais importante."*

A comunicação é muito importante na prática do Zen. Por não falar vossa língua muito bem, estou sempre procurando um meio de me comunicar com vocês. Penso que este tipo de esforço resultará em algo benéfico. Costumamos dizer que se você não entende as palavras de seu mestre, não é seu discípulo. Entender as palavras do mestre ou sua linguagem é entender o próprio mestre. E quando você o entende, descobre que sua linguagem não é apenas a linguagem comum, mas a linguagem no seu sentido mais amplo. Através da linguagem de seu mestre, você compreende mais do que aquilo que suas palavras de fato dizem.

Tudo quanto dizemos envolve nossa situação ou intenção subjetiva. Assim, não há palavra que seja perfeita; em qualquer coisa que se diga existe sempre alguma distorção. Contudo, através das afirmações de nosso mestre temos de entender o próprio fato objetivo: o fato último. Por fato último não aludimos a algo eterno ou constante, e sim às coisas como elas são a cada momento: a algo que podemos denominar "ser" ou "realidade". Entender a realidade como uma experiência direta é a razão de praticarmos *zazen* e estudarmos budismo. Pelo estudo do budismo, você entenderá sua natureza humana, sua faculdade intelectiva e a verdade presente em sua atividade humana. E você pode tomar em consideração sua própria natureza humana ao buscar a compreensão da realidade. Mas somente pela prática efetiva do Zen é que você pode experimentar diretamente a realidade e entender, em seu verdadeiro sentido, as diversas afirmações feitas por seu mestre ou pelo Buda. A rigor, não é possível discorrer sobre a realidade. Entretanto, se você é um estudante Zen, você tem de compreendê-la diretamente através das palavras de seu mestre.

Seu mestre se expressa diretamente, não apenas por meio de palavras; seu comportamento é também um modo de expressar-se. No Zen, enfatizamos a forma de ser ou o comportamento. Por comportamento não queremos dizer um jeito determinado de proceder, mas a expressão natural de você mesmo. Seja franco e direto. Você deve ser verdadeiro para com seus sentimentos e sua mente e expressar-se sem quaisquer reservas. Isto ajuda o interlocutor a entender mais facilmente.

Quando você ouve alguém, deve deixar de lado suas ideias preconcebidas e opiniões subjetivas: deve apenas ouvir, apenas observar a maneira de ser do seu interlocutor. Nós damos pouca importância ao certo ou errado, bom ou mau. Apenas notamos como são as coisas para ele e as aceitamos. Este é o modo de comunicar-nos um com o outro. Em geral, quando você escuta alguma afirmação, ouve-a como uma espécie de eco de você mesmo. Na verdade, está ouvindo sua própria opinião. Se ela está de acordo com sua opinião, você a aceita; se não, a rejeita ou pode até mesmo ignorá-la. Esse é um perigo ao se ouvir alguém. Outro perigo é ser apanhado pela afirmação. Se você não entende o verdadeiro sentido do que seu mestre disse, ficará enredado facilmente em algo que está comprometido com sua opinião subjetiva, ou no modo particular em que aquela afirmação foi expressa. Você se limitará a aceitar o que foi dito como uma afirmação, sem compreender o espírito por trás dela. Este tipo de perigo está sempre presente.

É difícil haver boa comunicação entre pais e filhos porque os pais têm sempre suas próprias intenções. Suas intenções são quase sempre boas, mas sua maneira de falar ou se expressar é frequentemente pouco liberal, em geral demasiado unilateral e não realista. Cada um de nós tem seu modo de expressar-se e é difícil mudar conforme as circunstâncias. Se os pais conseguirem se expressar de várias maneiras, de acordo com cada situação, não haverá risco na educação dos filhos. Isto, no entanto, é bastante difícil. Mesmo um mestre Zen tem sua própria maneira de expressar-se. Quando o mestre Nishiari admoestava seus discípulos, sempre dizia: "Vá embora!" Um dos estudantes tomou-o ao pé da letra e deixou o templo! Mas o mestre não queria expulsá-lo. Era apenas sua maneira de se expressar. Em vez de dizer: "Tome cuidado!", disse "vá embora!" Se seus pais têm esse tipo de hábito, é fácil serem mal interpretados. Esse perigo está sempre presente na vida diária. Portanto, como ouvinte ou como discípulo, é preciso limpar a mente dessas várias distorções. Uma mente cheia de ideias preconcebidas, intenções subjetivas ou hábitos, não está aberta para as coisas como elas são. É por isso que praticamos *zazen;* para limpar a mente daquilo que está vinculado a alguma outra coisa.

É bastante difícil manter-nos naturais conosco e, ao mesmo tempo, acompanhar de forma apropriada o que outros dizem ou fazem. Se, propositadamente, tentamos nos adaptar a alguma forma de ser, ficará impossível ser natural. Se você tentar se ajustar a um modo determinado, perderá a si próprio. Portanto, expressar-se livremente, tal como você é, sem intenção de adaptar-se a alguma forma de ser imaginária é o mais importante para fazer você feliz e fazer os outros felizes. Este tipo de habilidade se adquire com a prática do *zazen*. O Zen não é nenhuma arte especial ou excêntrica de viver. Nosso ensinamento é apenas viver, sempre dentro da realidade, em seu sentido preciso. Fazer o nosso esforço, momento após momento, é o nosso caminho. A rigor, a única coisa que podemos estudar em nossa vida é aquilo sobre o que estamos trabalhando a cada instante. Nem sequer podemos estudar as palavras do Buda. Estudar as palavras do Buda, a rigor, significa estudá-las através de alguma atividade com a qual você depara momento após momento. Portanto, concentremo-nos de corpo e alma no que fazemos e sejamos fiéis, subjetiva e objetivamente, a nós mesmos e, em especial, aos nossos sentimentos. Mesmo quando você não se sente bem, melhor é expressar seus sentimentos sem qualquer apego ou propósito particular. Assim, você deve dizer: "Oh! desculpe, não me sinto bem". Isso basta. Não deve dizer: "Você me deixou assim!" Isso é demais. Diga: "Oh! queira me desculpar. Estou zangado com você". Não há por que dizer que não está zangado, quando está. Apenas diga: "Estou zangado". Isso basta.

A verdadeira comunicação depende de sermos francos e diretos uns com os outros. Os mestres Zen são muito francos e diretos. Se você não compreender a realidade diretamente através das palavras de seu mestre, ele poderá lhe bater com o bastão ou perguntar: "O que é que há!" Nosso caminho é muito direto. Porém, você sabe, isso de fato não é Zen. Não é nosso método tradicional; ainda que para torná-lo evidente achemos mais fácil, às vezes, recorrer a esse método. Mas o melhor meio de comunicar-se pode ser apenas sentar-se, sem nada dizer. Então você terá o pleno significado do Zen. Se eu lhe bater com um bastão até perder as estribeiras ou até que você morra, ainda assim não será suficiente. A melhor maneira é simplesmente sentar-se.

Negativo e Positivo

"A mente grande é algo que se expressa, não que se decifra. A mente grande é algo que se tem, não que se busca."

Quanto mais compreendemos nosso caminho, mais difícil se torna falar sobre ele. Falo a vocês com o intuito de dar-lhes uma ideia do nosso caminho, mas na verdade não é algo para ser falado e sim praticado. O melhor é simplesmente praticar, sem dizer nada. Quando falamos sobre nosso caminho, existe o risco de haver mal-entendidos porque o verdadeiro caminho tem sempre, pelo menos, dois lados: o negativo e o positivo. Quando falamos do lado negativo, o positivo está faltando, e quando falamos do positivo, o lado negativo é que está faltando. Não podemos falar de maneira positiva e negativa ao mesmo tempo. Portanto, não sabemos o que dizer. É quase impossível falar sobre budismo. Logo, não dizer nada e apenas praticar é o melhor caminho. Mostrar um dedo ou traçar um círculo pode ser o caminho, ou, simplesmente, curvar-se em reverência.

Se compreendermos este ponto, saberemos como falar sobre budismo e teremos uma comunicação perfeita. Falar sobre alguma coisa será uma das nossas práticas e ouvir falar também será uma prática. Quando praticamos *zazen,* apenas praticamos, sem qualquer ideia de ganho. Quando falamos sobre alguma coisa, simplesmente falamos acerca dela, sobre seu lado positivo ou negativo, sem querer expressar qualquer conceito intelectual, ou unilateral. E ouvimos sem buscar inferir qualquer entendimento intelectual, sem tentar entender de um ponto de vista unilateral apenas. É assim que falamos do nosso ensinamento, é assim que ouvimos uma palestra.

O caminho da escola Soto possui sempre duplo sentido, um positivo e outro negativo. Nosso caminho é, ao mesmo tempo, Hinayana e Mahayana. Eu sempre digo que nossa prática tem muito do Hinayana. Na verdade, temos prática do Hinayana com mente Mahayana – prática rígida e formal com mente informal. Embora nossa prática pareça muito formal, nossa mente não o é. Embora pratiquemos *zazen* toda manhã da mesma maneira, isso não é razão suficiente para chamar esta prática de formal. É a discriminação que você faz que a torna formal ou informal. Dentro da própria prática não há formalidade ou informalidade. Se você tem a mente Mahayana, aquilo que as pessoas chamam de formal pode ser informal. Por isso dizemos que observar os preceitos conforme o Hinayana é violá-los do ponto de vista do Mahayana. Se você observa nossos preceitos de maneira apenas formal, perde o espírito Mahayana. Antes de entender este ponto, você depara com um problema: se deve observar nosso caminho ao pé da letra ou se não deve preocupar-se a respeito da formalidade que temos. Mas, se você compreende plenamente nosso caminho, não há tal problema, porque o que quer que você faça é prática. Desde que você tenha mente Mahayana, não haverá prática Mahayana ou Hinayana. Embora possa parecer que está violando os preceitos, você os estará observando em seu verdadeiro sentido. A questão está em ter a grande ou a pequena mente. Em suma, quando você faz tudo sem pensar se é bom ou mau e quando o faz com toda sua mente e seu corpo, então esse é nosso caminho.

O mestre Dogen disse: "Quando você diz algo a uma pessoa, ela pode não aceitar, mas não tente convencê-la intelectualmente. Não discuta; apenas ouça as objeções até que a própria pessoa encontre algo errado nelas". Isto é muito interessante. Não tente impor suas ideias a outro; em vez disso, reflita sobre elas com a própria pessoa. Se você sentir que ganhou a discussão, não está na atitude certa. Não tente ganhar a discussão, apenas ouça; entretanto, tampouco é certo agir como se a tivesse perdido. Em geral, quando dizemos alguma coisa, tendemos a doutrinar ou impor nossa ideia. Mas entre os estudantes do Zen não há propósito especial ao falar ou ouvir. Por vezes se ouve, outras se fala, eis tudo. É o mesmo que cumprimentar: "Bom dia!" Através desse tipo de comunicação podemos desenvolver nosso caminho.

Não dizer nada pode ser muito bom, mas também não há razão para que se fique sempre calado. Qualquer coisa que se faça, mesmo incluindo o não fazer, é nossa prática. Isso é uma expressão da mente grande. Assim, a mente grande é algo que se expressa, não que se decifra. A mente grande é algo que se tem, não que se busca. A mente grande é algo do qual se fala, que se expressa através de nossa atividade ou se desfruta. Se assim procedermos ao observar os preceitos, não haverá caminho Hinayana nem Mahayana. É porque você busca obter algo através da prática rígida e formal que ela se torna um problema para você. Mas, se apreciarmos todo e qualquer problema que tivermos como uma expressão da mente grande, não mais será um problema. Às vezes nosso problema se deve ao fato de que a mente grande é muito complexa; outras vezes, ela é muito simples de ser decifrada. Isso também é a mente grande. Mas porque você tenta decifrar o que ela é, porque deseja simplificar a complexidade da mente grande, é que ela se torna um problema para você. Portanto, ter ou não ter problemas na vida depende de sua própria atitude, de seu próprio entendimento. Se você tem a mente grande Mahayana, não há problema em entender a natureza dupla e paradoxal da verdade. Este tipo de mente se alcança mediante o verdadeiro *zazen*.

Nirvana, a Queda D'água

"Nossa vida e nossa mente são a mesma coisa. Quando percebemos este fato, não temos mais a morte nem temos verdadeiras dificuldades em nossa vida."

Se você vai ao Japão e visita o mosteiro de Eiheiji, logo antes da entrada vê uma pontezinha conhecida por Hanshaku-kyo, que significa "ponte do meio balde". Toda vez que o mestre Dogen apanhava água do rio, usava só metade do balde, devolvendo a outra metade à corrente, sem desperdiçá-la. Por isto chamamos a ponte Hanshaku-kyo, "ponte do meio balde". Em Eiheiji quando lavamos o rosto, enchemos a bacia com setenta por cento de sua capacidade. E depois de nos lavarmos, despejamos a água perto do nosso corpo em vez de lançá-la para longe. Isto expressa respeito pela água. Este tipo de prática não se fundamenta em nenhuma ideia de sermos econômicos. Pode ser difícil entender por que Dogen devolvia ao rio metade da água que dele recolhia. Este tipo de prática está além do nosso entendimento. Quando sentimos a beleza do rio, quando somos um com a água, intuitivamente procedemos como Dogen. É nossa verdadeira natureza que o faz. Mas se sua verdadeira natureza está encoberta por ideias de economia ou eficiência, o caminho seguido por Dogen não faz sentido.

Fui ao Parque Nacional de Yosemite e vi quedas d'água enormes. A mais alta tem quatrocentos e oito metros e a água desce como uma cortina lançada do topo da montanha. Não parece cair com velocidade, como seria de se esperar; parece cair muito devagar por causa da distância. E a água não desce como uma única torrente, mas se divide em muitas e diminutas quedas. À distância, assemelha-se a uma cortina. E ocorreu-me que deve ser uma experiência muito difícil para cada gota d'água cair do topo de uma montanha tão alta. Leva muito tempo, você sabe, um longo tempo, para a água chegar finalmente ao fundo da catarata. Parece-me que a vida humana pode ser assim. Temos muitas experiências difíceis. Mas ao mesmo tempo, pensava eu, originalmente a água não estava dividida e era um único rio. Apenas quando se dividia é que encontrava dificuldade ao cair. É como se a água, enquanto rio, não experimentasse nenhuma sensação. Somente quando dividida em muitas gotas é que poderia começar a ter ou expressar alguma sensação. Quando olhamos um rio não percebemos a atividade viva da água; mas quando apanhamos um pouco de água num balde, experimentamos algum sentimento pela água e sentimos também o valor da pessoa que a usa. Cientes, deste modo, de nós mesmos e da água, não podemos usá-la de forma meramente material. Ela é uma coisa viva.

Antes de nascermos, não tínhamos sentimentos: éramos um com o universo. A isso chama-se "só-mente" ou "essência da mente" ou "mente grande". Após o nascimento, somos separados dessa unidade, como a água da catarata que se divide pelo efeito do vento e das rochas; só então passamos a ter sentimentos. Você tem dificuldades porque tem sentimentos. Você se apega ao que sente sem saber ao certo como é criado esse tipo de sentimento. Quando você não percebe que é um com o rio ou um com o universo, você tem medo. Dividida em gotas ou não, a água é água. Nossa vida e nossa morte são a mesma coisa. Quando percebemos esse fato, não temos mais a morte, nem temos verdadeiras dificuldades em nossa vida.

Quando a água volta à sua unidade original com o rio, deixa de ter qualquer sentimento individual; a água retoma sua própria natureza e encontra serenidade. Que contente deve ficar a água ao retornar ao rio original! Se assim for, que sentimento teremos ao morrer? Penso que somos como a água no balde. Então, quando morrermos, teremos serenidade, perfeita serenidade. Talvez nos pareça perfeito demais neste momento, tão apegados estamos aos nossos próprios sentimentos, à nossa existência individual. Nós, neste momento, temos algum medo da morte, mas, depois que retomamos nossa verdadeira natureza original, há o nirvana. Eis a razão pela qual dizemos: "Atingir o nirvana é morrer". "Morrer" não é uma expressão muito adequada. Talvez fosse melhor "prosseguir", ou "continuar", ou "juntar-se". Você poderia achar uma expressão melhor para a morte? Se a achar, terá uma interpretação inteiramente nova para sua vida. Será como minha experiência quando vi a água descer naquela grande queda. Imagine! Eram quatrocentos e oito metros de altura!

Nós dizemos: "Tudo surge da vacuidade". A totalidade de um rio ou a totalidade de uma mente é vacuidade. Quando chegamos a esta compreensão, encontramos o verdadeiro sentido da vida. Quando chegamos a esta compreensão, podemos ver a beleza da vida humana. Antes de percebermos este fato, tudo quanto vemos é só ilusão. Algumas vezes superestimamos a beleza;

outras vezes a subestimamos ou a ignoramos, porque nossa mente pequena não está em sintonia com a realidade.

Falar sobre isto como o estamos fazendo é bastante fácil, mas ter a experiência do sentimento real não é tão fácil. Contudo, pela prática do *zazen* você pode cultivar esse sentimento. Quando for capaz de sentar-se com todo seu corpo e sua mente, com a unidade de sua mente e de seu corpo sob controle da mente universal, você poderá atingir facilmente este tipo de compreensão correta. Sua vida diária será renovada sem se apegar a velhas interpretações errôneas da vida. Quando você compreender isto, descobrirá quão insensata era sua velha interpretação e a inutilidade dos esforços que vinha fazendo. Você encontrará o verdadeiro significado da vida e, apesar das dificuldades na descida vertical desde o topo até o pé da queda d'água, você apreciará sua vida.

Terceira Parte

Compreensão Correta

"Nossa compreensão do budismo não é apenas intelectual. A verdadeira compreensão é a realidade da própria prática."

O Espírito Tradicional

*"Se você está procurando atingir a iluminação,
está criando carma e sendo levado por ele. Está perdendo
tempo sentado em sua almofada preta*."*

As coisas mais importantes em nossa prática são a postura física e a maneira de respirar. O que nos interessa não é tanto uma profunda compreensão do budismo. Como filosofia, o budismo é um sistema de pensamento muito profundo, amplo e sólido, mas o Zen não se preocupa com o entendimento filosófico. Damos ênfase à prática. Devemos entender por que nossa postura física e o exercício de respiração têm tanta importância. Em lugar de um profundo entendimento do que foi ensinado, necessitamos de uma forte confiança no ensinamento que nos diz que, originalmente, temos a natureza de Buda. Nossa prática baseia-se nesta fé.

Antes de Bodhidharma ir para a China, quase todo o vocabulário Zen já estava em uso. Havia, por exemplo, o termo correspondente a "iluminação súbita". "Iluminação súbita" não é uma tradução adequada, mas vou tentar usá-la. A iluminação nos chega de repente. Esta é a verdadeira iluminação. Antes de Bodhidharma, acreditava-se que depois de uma longa preparação viria uma súbita iluminação. Zen era então uma espécie de treino para atingir a iluminação. Na verdade, muitas pessoas hoje praticam *zazen* com essa ideia. Mas esta não é a compreensão tradicional do Zen. O critério transmitido desde o Buda até nossos dias é que quando você começa a praticar *zazen* já há

---

* *Zafu:* almofada preta, própria para *zazen*.

iluminação — mesmo sem qualquer preparo. Pratique ou não *zazen*, você tem a natureza de Buda. E porque você a tem é que há iluminação na sua prática. O que enfatizamos não é o estado que atingimos, mas a vigorosa confiança que temos na nossa natureza original e na sinceridade de nossa prática. Devemos praticar o Zen com a mesma sinceridade do Buda. Se temos originalmente a natureza de Buda, a razão pela qual praticamos *zazen* é que devemos comportar-nos como o Buda. Transmitir nosso caminho é transmitir nosso espírito búdico. Assim, temos que harmonizar nosso espírito, nossa postura física e nossa atividade, com o caminho tradicional. Claro que você pode atingir um certo estado, mas o espírito de sua prática não deve estar fundado em uma ideia egocêntrica.

De acordo com o entendimento budista tradicional, a natureza humana carece de ego. Quando não temos ideia de ego, temos a mesma visão de vida do Buda. Nossas ideias egocêntricas são ilusões que encobrem nossa natureza búdica. Sempre as estamos criando, sempre as estamos seguindo. E ao repetir esse processo sem cessar, nossa vida fica completamente tomada por ideias egocêntricas. É a chamada vida cármica ou, simplesmente, carma. A vida budista não deve ser vida cármica.

O propósito de nossa prática é interceptar o rodopio da nossa mente cármica que gira como um fuso. Se você está procurando atingir a iluminação, isto faz parte do carma; você está criando carma e sendo levado por ele, e está perdendo seu tempo sentado em sua almofada preta. De acordo com a compreensão de Bodhidharma, a prática fundada em qualquer ideia de ganho não é mais que uma repetição de seu carma. Esquecendo-se deste ponto, muitos mestres Zen posteriores enfatizaram a obtenção de certos estados através da prática.

Mais importante que qualquer estado que você venha a atingir é sua sinceridade, seu esforço correto. O esforço correto deve basear-se em uma verdadeira compreensão de nossa prática tradicional. Uma vez entendida esta questão, você compreenderá como é importante manter sua postura correta. Quando isto não é entendido, a postura e o modo de respirar são apenas meios de procurar a iluminação. Se esta for a sua atitude, melhor seria tomar alguma droga em vez de sentar-se com as pernas cruzadas! Se nossa prática é apenas um meio de tentar alcançar a iluminação, não há como alcançá-la! Perdemos o significado do caminho que conduz à meta. Porém, quando acreditamos firmemente em nosso caminho, já atingimos a iluminação. Quando você acredita no seu caminho, a iluminação está aí. Mas, quando você não acredita no significado da prática que está fazendo neste momento, nada pode ser feito. Está às voltas com o objetivo, com a sua mente de macaco. Está sempre procurando por algo sem saber o que está fazendo. Se você quer ver uma coisa, deve abrir os olhos. Se você não entende o Zen de Bodhidharma é porque está procurando olhar para uma coisa com os olhos fechados. Não é que menosprezemos a ideia de alcançar a iluminação; mas o que consideramos mais importante é este momento, e não algum dia no futuro. Temos de fazer nosso esforço neste momento. Isto é o que há de mais importante em nossa prática.

Antes de Bodhidharma, o estudo dos ensinamentos do Buda resultou numa filosofia budista profunda e elevada, e as pessoas procuravam alcançar esses altos ideais. Isso foi um erro. Bodhidharma descobriu que criar algum ideal profundo e elevado e depois tentar atingi-lo pela prática do *zazen* é um engano. Se nosso *zazen* for isso, não difere em nada de nossa atividade comum ou da nossa mente de macaco. Pode parecer uma atividade muito sublime e sagrada mas, na verdade, não há diferença entre isso e a nossa mente de macaco. Eis o que enfatizou Bodhidharma.

Antes de o Buda atingir a iluminação, ele fez todos os esforços possíveis. Por fim, alcançou uma plena compreensão dos vários caminhos. Você pode pensar que o Buda tenha atingido um estado em que estivesse livre da existência cármica, mas não é assim. O Buda contou muitas histórias sobre suas experiências depois que alcançou a iluminação. Ele não era em nada diferente de nós. Quando seu país entrou em guerra com um poderoso vizinho, ele falou sobre seu próprio carma aos seus discípulos;

de como sofreu quando viu que seu país seria conquistado pelo rei vizinho. Se ele fosse alguém que tivesse atingido a iluminação isenta de carma, não haveria razão para tal sofrimento. Mesmo depois de atingir a iluminação, ele continuou com o mesmo esforço que estamos fazendo. Mas sua visão da vida não era passível de ser abalada; era firme e ele ponderava a respeito da vida de todos, inclusive a dele próprio. Observava a si próprio e aos outros com os mesmos olhos com que observava as pedras, as plantas ou qualquer outra coisa. Tinha uma compreensão muito científica. Essa era sua forma de viver depois que alcançou a iluminação.

Uma vez que tenhamos o espírito tradicional de acompanhar o curso da realidade tal como é, e que pratiquemos nosso caminho sem nenhuma ideia egocêntrica, então sim, obteremos a iluminação em seu verdadeiro sentido. E ao entender isto, empenharemos o melhor de nossos esforços a cada momento. Esse é o verdadeiro entendimento do budismo. Portanto, nosso entendimento não é apenas intelectual. Nosso entendimento é, ao mesmo tempo, sua própria expressão: *é* a própria prática. Não é por meio de leituras ou contemplação filosófica que podemos entender o que é o budismo, mas unicamente através da prática, da prática verdadeira. Devemos praticar *zazen* constantemente, com firme confiança na nossa natureza verdadeira, quebrando a corrente de atividade cármica e encontrando nosso lugar no mundo da prática verdadeira.

Impermanência

"Devemos encontrar a perfeita existência através da existência imperfeita."

O ensinamento básico do budismo é a impermanência ou a mudança. Para cada existência, a verdade básica é que tudo muda.

Ninguém pode negar essa verdade e todo o ensinamento do budismo está condensado nela. Este é o ensinamento para todos. Seja onde for, este ensinamento é verdadeiro. Este ensinamento é também entendido como o ensinamento da inexistência de uma entidade individual. Por estar cada existência em constante mudança, não existe um eu permanente. De fato, a natureza essencial de cada existência nada é senão a própria mudança. Ela é a própria natureza de toda existência. Não existe uma natureza especial ou entidade individual permanente para cada existência. Este também é chamado o ensinamento do nirvana. Quando percebemos a perene verdade de que "tudo muda" e encontramos serenidade nisso, descobrimo-nos no nirvana.

Sem aceitar o fato de que tudo muda, não podemos encontrar perfeita tranquilidade. Mas, infelizmente, embora seja verdade, temos dificuldade em aceitá-lo. Por não conseguirmos aceitar a verdade da impermanência é que sofremos. Em consequência, a causa do sofrimento é a não aceitação dessa verdade. O ensinamento da causa do sofrimento e o ensinamento de que tudo muda são, pois, dois lados da mesma moeda. Em termos subjetivos, a impermanência é a causa de nosso sofrimento. Em termos objetivos, este ensinamento é simplesmente a verdade básica de que tudo muda.

O mestre Dogen disse: "Ensinamento que não parece forçar alguma coisa em você, não é verdadeiro ensinamento". O ensinamento em si próprio é verdadeiro e em si mesmo nada força em nós; é por causa de nossa tendência humana que recebemos o ensinamento como se alguma coisa nos estivesse sendo imposta. Mas, quer nos sintamos bem ou mal a respeito disso, essa verdade existe. Se nada existisse, essa verdade não existiria. O budismo existe por causa de cada existência particular.

Devemos encontrar a perfeita existência através da existência imperfeita. Devemos encontrar a perfeição na imperfeição. Para nós, a completa perfeição não é diferente da imperfeição. O eterno existe por causa da existência não eterna. No budismo, esperar algo fora deste mundo é um ponto de vista herético. Não buscamos nada fora de nós mesmos. Devemos encontrar a verdade neste mundo, através de nossas dificuldades, de nosso sofrimento. Este é o ensinamento básico do budismo. O prazer não é diferente da dificuldade. Bom não é diferente de mau. Bom é mau; mau é bom. São dois lados da mesma moeda. Portanto, a iluminação deve estar na prática. Este é o entendimento correto da prática, o entendimento correto da nossa vida. Assim, encontrar prazer no sofrimento é a única maneira de aceitar a verdade da impermanência. Sem compreender como aceitar essa verdade, você não pode viver neste mundo. Mesmo que tente escapar dele, seu esforço será em vão. Se você pensa que existe alguma outra maneira de aceitar a eterna verdade de que tudo muda, é ilusão sua. Este é o ensinamento básico de como viver neste mundo. Qualquer que seja seu sentimento acerca disso, você tem de aceitá-lo. Você tem de realizar este tipo de esforço. Assim, enquanto não nos tornarmos fortes o bastante para aceitar a dificuldade como prazer, temos de continuar no esforço. Na verdade, quando você se torna suficientemente honesto e franco, não é tão difícil aceitar essa verdade. Você pode mudar um pouco sua maneira de pensar. Sabemos que é difícil, mas a dificuldade não será sempre a mesma – algumas vezes será difícil, outras nem tanto. Se você está sofrendo, achará algum prazer no ensinamento de que tudo muda. Quando você tem problemas, é bem fácil aceitar este ensinamento. Então, por que não aceitá-lo em outras ocasiões? É a mesma coisa. Às vezes, você até pode rir de si mesmo ao descobrir quão egocêntrico é. Mas, independente de como se sinta a respeito deste ensinamento, é muito importante mudar sua maneira de pensar e aceitar a verdade da impermanência.

A Qualidade do Ser

"Ao fazer algo, se você concentra sua mente na atividade com convicção, a qualidade de seu estado mental torna-se a própria atividade. Quando você se concentra na qualidade do seu ser, você está pronto para a atividade."

O propósito do *zazen* é atingirmos a liberdade do nosso ser, física e mentalmente. De acordo com o mestre Dogen, cada existência é uma centelha no vasto mundo dos fenômenos. Cada existência é mais uma expressão da qualidade do próprio ser. Eu vejo sempre muitas estrelas de madrugada. As estrelas são apenas a luz que viajou muitos quilômetros a grande velocidade a partir dos corpos celestes. Mas, para mim, as estrelas não são seres apressados; são calmos, estáveis e pacíficos. Dizemos: "Na tranquilidade deve haver atividade; na atividade deve haver tranquilidade". Na verdade, trata-se da mesma coisa; dizer "tranquilidade" ou "atividade", apenas expressa duas interpretações diferentes do mesmo fato. Há harmonia em nossa atividade e, onde há harmonia, há tranquilidade. Essa harmonia é a qualidade do ser. Mas a qualidade do ser nada mais é, também, que sua atividade ágil.

Quando fazemos nossa prática, sentimo-nos muito calmos e serenos; mas, na verdade, não sabemos o tipo de atividade que está havendo dentro do nosso ser. Há completa harmonia na atividade de nosso sistema físico; por isto, nele sentimos a tranquilidade. Mesmo que não a sintamos, lá está a qualidade. Assim, não há por que nos preocuparmos a respeito de calma ou atividade, quietude ou movimento. Ao fazer algo, se você concentra sua mente na atividade com convicção, a qualidade de seu estado mental torna-se a própria atividade. Quando você se concentra na qualidade do seu ser, você está pronto para a atividade. O movimento nada mais é que a qualidade do nosso ser. Quando fazemos *zazen*, a qualidade do nosso sentar calmo, firme e sereno, é a qualidade da imensa atividade do nosso próprio ser.

"Tudo é apenas uma centelha no vasto mundo dos fenômenos", significa a liberdade de nossa atividade e de nosso ser. Se você se senta corretamente, com a correta compreensão, você alcança a liberdade de seu ser, apesar de ser uma existência temporal. Nesse exato momento, essa existência temporal não muda, não se move e é sempre independente das outras existências. No momento seguinte, outra existência surge, podemos nos transformar em outra coisa. A rigor, não há conexão entre o eu de ontem e o eu deste momento; não há qualquer conexão. O mestre Dogen disse: "Carvão não se torna cinzas". Cinzas são cinzas. Elas não pertencem ao carvão. Elas têm seu próprio passado e futuro. Elas são uma existência independente porque são uma centelha no vasto mundo dos fenômenos. Carvão preto e brasas são existências distintas. O carvão preto é também uma centelha no vasto mundo dos fenômenos. Onde há carvão preto, não há brasas. Portanto, carvão preto e brasas são independentes; cinzas e lenha são independentes; cada existência é independente.

 Hoje estou sentado em Los Altos. Amanhã cedo estarei em San Francisco. Não há conexão entre o "eu" em Los Altos e o "eu" em San Francisco. São seres diferentes. Eis aí a liberdade da existência. E não há qualidade que conecte você e eu; quando digo "você", não há "eu"; quando digo "eu", não há "você". Você é independente e eu sou independente. Cada qual existe em um momento diferente. Mas isso não significa que sejamos seres muito diferentes. Na verdade, somos um e o mesmo ser. Somos o mesmo e, no entanto, diferentes. É muito paradoxal, mas realmente é assim. Porque somos seres independentes, cada um de nós constitui uma centelha no vasto mundo dos fenômenos. Quando sento em *zazen,* para mim não há outra pessoa, mas isto não significa que eu ignore você. Sou um com todas as existências no mundo dos fenômenos. Assim, quando eu sento, você senta; todas as coisas sentam comigo. Assim é nosso *zazen.* Quando você senta, todas as coisas sentam com você. E tudo faz parte da qualidade do seu ser. Sou parte de você. Penetro na qualidade do seu ser. Portanto, nesta prática, nós temos absoluta liberdade com relação a tudo o mais. Se você compreende este segredo, não há diferença entre a prática do Zen e sua vida diária. Você pode interpretar tudo como desejar.

Uma pintura maravilhosa é fruto da sensibilidade em seus dedos. Se você sente a consistência da tinta em seu pincel, a pintura já está lá, antes mesmo de você pintar. Quando você molha o pincel na tinta, você já conhece o resultado do seu desenho; caso contrário, você não poderia pintar. Portanto, antes que você faça algo, o "ser" está lá, lá está o resultado. Ainda que pareça que está sentado sem fazer nada, toda a sua atividade passada e presente está inserida aí; e o resultado do seu sentar também está lá. Você não está descansando, não. Toda a atividade está incluída em você. Isso é o seu ser. Deste modo, todos os frutos de sua prática estão contidos no seu sentar. Assim é nossa prática, nosso *zazen*.

O mestre Dogen interessou-se pelo budismo ainda menino quando, ao observar a fumaça da vareta de incenso queimando ao lado do corpo de sua mãe morta, percebeu a fugacidade da nossa vida. Essa percepção cresceu dentro dele e acabou por levá-lo à iluminação e ao desenvolvimento de sua própria filosofia. Quando viu a fumaça da vareta de incenso e se deu conta da fugacidade da vida, sentiu-se muito só. Mas esse sentimento de solidão tornou-se mais forte e floresceu em iluminação quando ele tinha vinte e oito anos. E no momento da iluminação exclamou: "Não há corpo e não há mente!" Quando disse isso, todo seu ser tornou-se uma centelha no vasto mundo dos fenômenos, um clarão que continha todas as coisas, que abrangia tudo, e no qual havia uma imensa qualidade; o mundo fenomênico por inteiro estava incluído naquela centelha, naquele clarão, uma existência absoluta e independente. Esta foi sua iluminação. Partindo do sentimento de solidão ante a fugacidade da vida, ele alcançou a poderosa experiência da qualidade do seu ser. Ele disse: "Abandonei mente e corpo". Por pensar que tem corpo e mente, é que você se sente só; mas quando percebe que tudo é apenas uma centelha na vastidão do universo, você se torna muito forte e sua existência, plena de significado. Esta foi a iluminação de Dogen, esta é a nossa prática.

Naturalidade

"Momento após momento, cada um emerge do nada. Esta é a verdadeira alegria da vida."

Há um grande mal-entendido sobre o que seja naturalidade. A maioria das pessoas que vem a nós, acredita em certa liberdade ou naturalidade, mas a concepção que elas têm nós denominamos de *jinem ken gedo* ou "naturalidade herética". *Jinem ken gedo* significa que não há necessidade de ser formal – uma espécie de "deixar o policiamento de lado" ou "ficar à vontade". Naturalidade é isso para a maior parte das pessoas. Mas essa não é a naturalidade à qual nos referimos. É um pouco difícil de explicar, mas penso que naturalidade é um certo sentimento de ser independente de tudo, ou alguma atividade que não se baseia em coisa alguma. Naturalidade é algo que emerge do nada, como uma semente ou planta brotando do solo. A semente não tem a menor ideia de ser uma determinada planta, mas tem forma própria e está em perfeita harmonia com o solo, com o ambiente. Com o decorrer do tempo, à medida que cresce, expressa sua natureza. Nada existe sem forma e cor; tudo tem alguma forma e cor. E ambas estão em perfeita harmonia com os outros seres, sem problema. Eis o que queremos dizer por naturalidade.

Para uma planta ou uma pedra, ser natural não é problema. Mas, para nós, há algum problema; de fato, um grande problema. Ser natural é algo pelo qual temos que trabalhar. Quando o que você faz emerge do nada, você experimenta um sentimento inteiramente novo. Por exemplo: naturalidade é comer quando se está com fome. Você se sente natural ao fazê-lo. Mas, quando se tem expectativas demais, comer algo não é natural. Você não tem um sentimento novo. Você não o aprecia.

A verdadeira prática do *zazen* é sentar-se tal como se toma água quando se tem sede. Aí está a naturalidade. É muito natural dormir a sesta quando se tem sono. Mas dormir a sesta por preguiça, como se isso fosse um privilégio do ser humano, não é natural. Você pensa: "Todos os meus amigos estão dormindo a sesta; por que não eu? Se ninguém mais está trabalhando, por que vou dar duro? Se eles têm muito dinheiro, por que não eu?" Isto não é naturalidade. Sua mente está enredada com alguma outra ideia, ou com a ideia de outrem, e você não é independente, não é você mesmo, não é natural. Embora esteja sentado na posição de lótus, se seu *zazen* não é natural, a prática não é verdadeira. Você não tem de se esforçar para beber água quando está com sede: você fica contente ao bebê-la. Se você experimenta uma genuína alegria no seu *zazen*, seu *zazen* é verdadeiro. Mas, ainda que você tenha que se forçar para praticar *zazen*, quando sente algo bom em sua prática, isso é *zazen*. Na verdade, não se trata de forçar ou não alguma coisa em você. Mesmo que tenha dificuldade, se seu desejo é realmente sincero, isso é naturalidade. Esta naturalidade é muito difícil de explicar. Mas, se em sua prática você é capaz de apenas sentar e experimentar a realidade do nada, não há necessidade de explicações. Qualquer coisa que você faça, se emerge do nada, é natural e essa é a verdadeira atividade. Nela você encontra a genuína alegria da prática, a verdadeira alegria de viver. Cada um de nós vem do nada, a cada momento. Instante após instante temos verdadeira alegria de viver. Por isso dizemos: *Shin ku myo u*, "da verdadeira vacuidade emerge o ser maravilhoso". *Shin* é "verdadeiro"; *ku*, "vacuidade"; *myo* "maravilhoso"; *u*, "ser": da verdadeira vacuidade, o ser maravilhoso.

Sem o nada, não há naturalidade – nenhum ser verdadeiro. O verdadeiro ser emerge do nada a cada momento. O nada sempre está lá e dele emerge tudo. Mas, geralmente, você se esquece por completo do nada e se comporta como se possuísse algo. O que você faz está fundado em alguma ideia de posse, ou em alguma ideia determinada, e isso não é natural. Por exemplo, ao ouvir uma palestra, você não deve ter nenhuma ideia em mente. Não deve ter ideias próprias quando ouve uma pessoa. Esqueça o que tem em mente e apenas escute o que ela está dizendo. Não ter nada em sua mente é naturalidade. Desse modo, você compreende o que está sendo dito. Porém, se tem alguma ideia para comparar com o que está sendo dito, você não ouvirá tudo;

sua compreensão será parcial; isso não é naturalidade. Ao fazer algo, você deve estar completamente empenhado em sua tarefa. Tem de entregar-se completamente a ela. Assim, você não possui nada. Concluindo, se não há verdadeira vacuidade em sua atividade, ela não é natural.

A maioria das pessoas insiste em certas ideias. Ultimamente, a nova geração vem falando de amor. Amor! Amor! Amor! Suas mentes estão cheias de amor! E ao estudarem Zen, se o que digo discorda da ideia que fazem do amor, não o aceitam. Eles são bastante teimosos, vocês sabem. Claro que nem todos, mas alguns são muito inflexíveis.

Isso não é naturalidade de modo algum. Embora falem de amor, liberdade ou naturalidade, eles não compreendem essas coisas. E, consequentemente, não podem compreender o que, nesse sentido, é o Zen. Se você quer estudar Zen, esqueça toda e qualquer ideia preconcebida; apenas pratique *zazen* e veja que tipo de experiência você tem em sua prática. Isso é naturalidade.

Esta atitude é necessária em qualquer coisa que você faça. Algumas vezes dizemos: *nyu nan shin,* "mente suave ou flexível". *Nyu* é "sentimento suave"; *nan,* "algo não rígido"; *shin* é "mente". *Nyu nan shin* significa, pois, uma mente suave, natural. Quando você tem essa mente, tem alegria de viver. Quando você a perde, perde tudo. Você nada tem. Embora pense que tem algo, nada possui. Mas, quando o que faz emerge do nada, então você tem tudo. Eis o que entendemos por naturalidade.

Vacuidade

"Quando você estuda budismo, deve fazer uma 'faxina geral na casa' de sua mente."

Se você quer compreender o budismo, é necessário que deixe de lado todas as ideias preconcebidas. Para começar, abandone toda ideia de substancialidade ou de existência. A noção comum da vida está firmemente enraizada na ideia de existência. Para a maioria das pessoas, todas as coisas existem; pensam que tudo que veem e ouvem existe. É claro, o pássaro que vemos e ouvimos existe. Ele existe, mas o que eu quero dizer com isto pode não ser exatamente o que você quer dizer. A compreensão budista da vida inclui tanto a existência como a não existência. O pássaro existe e não existe ao mesmo tempo. Dizemos que uma visão da vida fundada somente na existência é herética. Se você toma as coisas muito a sério, como se existissem substancial e permanentemente, você é considerado um herético. Talvez a maior parte das pessoas seja herética.

Dizemos que a verdadeira existência emerge da vacuidade e retorna à vacuidade. O que emerge do vazio é verdadeira existência. Devemos atravessar o portal do vazio. Tal ideia de existência é muito difícil de explicar. Hoje em dia, muitas pessoas já começaram a sentir, ao menos intelectualmente, o vazio do mundo moderno ou a contradição interna da sua cultura. No passado, por exemplo, o povo japonês tinha uma firme confiança na existência permanente de sua cultura e no seu tradicional modo de viver, mas desde que perdeu a guerra tornou-se muito cético. Muitos acham horrível essa atitude cética, mas na verdade é melhor do que a velha atitude.

Enquanto tivermos alguma ideia definida ou alguma esperança acerca do futuro, não podemos levar realmente em consideração o momento que existe agora mesmo. Você pode dizer: "Posso fazer isto amanhã ou no próximo ano", acreditando que o que existe hoje existirá amanhã. Ainda que não esteja se esforçando muito, você espera que algo promissor aconteça, desde que siga determinada trajetória. Mas, não há trajetória que exista permanentemente. Não há uma trajetória estabelecida para nós. A cada novo momento, temos de encontrar nossa própria trajetória. Qualquer ideia de perfeição, ou de trajetória perfeita estabelecida por outrem, não é o verdadeiro caminho para nós.

Cada um de nós deve fazer seu próprio caminho e, quando o fazemos, esse caminho expressa o caminho universal. Eis o mistério. Quando você compreende uma coisa em profundidade, compreende tudo. Mas quando você tenta entender tudo, não entende nada. O melhor é compreender a si mesmo; então você compreenderá tudo. Assim, ao se empenhar em realizar seu próprio caminho, você ajudará outros e será ajudado por outros. Antes de construir seu próprio caminho, você não pode ajudar ninguém e ninguém pode ajudá-lo. Para sermos independentes nesse sentido verdadeiro, temos que deixar de lado tudo o que temos em mente e descobrir algo novo e distinto, momento após momento. É assim que se deve viver neste mundo.

Por isto dizemos que a verdadeira compreensão emerge do vazio. Quando você estuda budismo, você deve fazer uma "faxina geral na casa" de sua mente. Deve retirar todas as coisas de seu quarto e limpá-lo completamente. Se forem necessárias, recoloque-as no lugar. Você pode querer muitas coisas; nesse caso, traga-as uma a uma de volta. Mas, se não forem necessárias, não há por que guardá-las.

Quando vemos um pássaro voando, às vezes enxergamos sua trajetória. Na realidade, não podemos ver a trajetória de um pássaro voando, mas algumas vezes sentimos como se pudéssemos. Isso também é bom. Se necessárias, você deve trazer de volta as coisas que tirou do seu quarto. Mas, antes de acrescentar alguma outra coisa, precisa tirar algo; caso contrário, o quarto ficará entulhado de trastes velhos e inúteis.

Dizemos: "Passo a passo faço cessar o som do riacho murmurante". Ao caminhar ao longo de um riacho, você ouve a água correndo. O som é contínuo, mas você deve ser capaz de fazê-lo cessar, caso o deseje. Isso é liberdade; isso é renúncia. Você tem vários pensamentos na mente, um após outro, mas, se quiser parar seu pensamento, você pode. Assim, quando for capaz de deter o som do riacho murmurante, você apreciará a sensação do próprio esforço. Mas, enquanto tiver ideias fixas, ou estiver preso a alguma forma habitual de fazer as coisas, você não pode apreciar as coisas em seu verdadeiro sentido.

Se você procura liberdade, não pode encontrá-la. A própria liberdade absoluta é necessária para se obter absoluta liberdade.

Esta é a nossa prática. Nosso caminho não é ir sempre na mesma direção. Algumas vezes, vamos para o leste, outras para o oeste. Avançar uma milha para o oeste significa retroceder uma milha do leste. Em geral, andar uma milha para o leste é o oposto de andar uma milha para o oeste. Mas, se é possível andar uma milha para o leste, significa que é possível andar uma milha para o oeste. Isso é liberdade. Sem essa liberdade, você não pode se concentrar no que faz. Você pode acreditar que está concentrado em alguma coisa, mas, até que não obtenha tal liberdade, não estará inteiramente à vontade naquilo que faz. É por você estar preso a alguma ideia de ir para o leste ou oeste que sua atividade está em dicotomia ou dualidade. Enquanto estiver sujeito à dualidade, você não pode atingir nem a liberdade absoluta nem se concentrar.

Concentração não é se esforçar para observar algo. No *zazen*, se você procura olhar para um ponto ficará cansado em cinco minutos. Isso não é concentração. Concentração significa liberdade. Portanto, seu esforço deveria ser dirigido ao nada. Você deve se concentrar no nada. Na prática do *zazen*, dizemos que sua mente tem de estar concentrada na sua respiração, mas a maneira de manter sua mente na respiração é esquecer tudo a respeito de você mesmo e apenas sentar-se, percebendo sua respiração. Concentrando-se na respiração, você esquecerá a si próprio, e esquecendo-se de si mesmo, se concentrará na respiração. Não sei o que vem primeiro. Na verdade, não há necessidade de se esforçar muito para se concentrar na respiração. Simplesmente, faça o que lhe for possível. Se continuar essa prática, você experimentará a verdadeira existência que emerge da vacuidade.

Estar Alerta – Estar Consciente

"Sabedoria é a prontidão da mente."

No *Prajna Paramita Sutra* o ponto mais importante é, sem dúvida, a ideia de vacuidade. Antes de compreendermos essa ideia, tudo parece existir substancialmente. Mas, depois de percebermos a vacuidade das coisas, tudo se torna real – não substancial. Quando percebemos que tudo o que vemos é parte da vacuidade, deixamos de ter apego a qualquer existência; nos damos conta de que tudo não passa de formas e cores relativas. Percebemos então o verdadeiro sentido relativo de cada existência. Quando ouvimos dizer pela primeira vez que toda existência é relativa, a maioria de nós fica desapontada; mas tal desapontamento provém de uma noção errada sobre o homem e a natureza. Porque a nossa maneira de observar as coisas está profundamente enraizada no egocentrismo, é que ficamos desapontados ao descobrir que tudo tem apenas uma existência relativa. Mas, quando nos apercebemos dessa verdade, não temos mais sofrimento.

Esse sutra diz: "O *bodhisattva* Avalokiteshvara vê que tudo é vacuidade; por isso se livra de todo sofrimento". Não foi *depois* de compreender essa verdade que ele superou o sofrimento – o fato de compreendê-la já é atenuar o sofrimento. Ou seja, a compreensão da verdade é a própria salvação. Nós dizemos "compreender", mas a verdade está sempre ao alcance da mão. Não é depois de praticar *zazen* que compreendemos a verdade; antes mesmo de praticarmos, a compreensão está presente. Não é depois de entender a verdade que atingimos a iluminação. Apercebermo-nos da verdade é viver – existir aqui e agora. Portanto, não é questão de compreensão ou de prática. Trata-se de um fato supremo. Neste sutra, o Buda refere-se ao fato supremo com que nos defrontamos a cada momento. Este é um ponto muito importante; é o próprio *zazen* de Bodhidharma. Antes mesmo de praticarmos, a iluminação está presente. Mas, em geral, entendemos prática de *zazen* e iluminação como coisas diferentes: aqui está a prática como um par de óculos, e quando fazemos uso da prática – que é como colocar os óculos – enxergamos a iluminação. Esse é um entendimento errado. Os próprios óculos são em si mesmos a iluminação e colocá-los é também iluminação. Portanto, faça-se o que se fizer, ou mesmo que não se faça nada, a iluminação está aí, sempre. Isto é o que Bodhidharma entendia por iluminação.

Você não pode praticar o verdadeiro *zazen* por ser *você* quem o pratica; se não for *você* que o pratica, então tem lugar a iluminação e a verdadeira prática. Quando é *você* que o faz, você cria alguma ideia solidificada de "você" ou "eu", cria também uma ideia especial do que seja a prática ou o *zazen*. Assim, aqui está você do lado direito e ali está o *zazen* do lado esquerdo. Isto é, você e o *zazen* se tornam duas coisas diferentes. Se a combinação entre a prática e você resulta em *zazen*, é o *zazen* de uma rã. Para uma rã, sua posição sentada é *zazen*. Quando a rã está saltando, então não há *zazen*. Este tipo de mal-entendido desaparece quando você realmente compreende que a vacuidade significa que tudo está sempre aqui. Um ser completo não é a somatória de tudo. É impossível dividir em partes uma existência completa. Ela está sempre aqui, e sempre agindo. Isto é iluminação. Portanto, na verdade, não existe uma prática específica. O sutra diz: "Não há olhos, nem ouvidos, nem nariz, nem língua, nem corpo, nem mente..." Essa "não mente" é a mente Zen, que tudo contém. O importante, em nosso entendimento, é ter um modo de observar flexível e liberal. Temos que pensar e observar as coisas sem estagnação. Devemos aceitá-las como elas são, sem dificuldade. Nossa mente deve ser afável e aberta o bastante para compreendermos as coisas tais quais são. Quando nosso pensar é afável, é chamado pensar imperturbável. Essa maneira de pensar é sempre estável. É denominada mente alerta. O pensar que se divide em muitas direções não é verdadeiro pensar. A concentração deve estar presente em nosso pensar. Isso é mente alerta. Tenha um objeto ou não, sua mente deve ser estável e não dividida. Isso é *zazen*.

Não é preciso esforçar-se para pensar de determinada maneira. Seu pensar não deve ser unilateral. Simplesmente, há que ver com a totalidade da mente e ver as coisas como elas são, sem qualquer esforço. Ver e estar pronto para ver as coisas com a totalidade da mente é prática de *zazen*. Se estivermos prontos para pensar desse modo, não será necessário nenhum esforço. É o que chamamos de mente alerta. Esta mente é, ao mesmo tempo, sabedoria. Por sabedoria não entendemos alguma faculdade ou filosofia específica. Sabedoria é a prontidão da mente. Logo, sabedoria pode abranger diversos ensinamentos e filosofias, vários tipos de pesquisa e estudo. Mas não devemos nos apegar a nenhuma sabedoria em particular, nem sequer à ensinada pelo Buda. Sabedoria não é algo que se aprende, é algo que emerge da plena consciência. A questão é, pois, estar pronto para observar as coisas e estar pronto para pensar. A isso chama-se vacuidade da mente. E a vacuidade não é outra coisa senão a prática do *zazen*.

Acreditando no Nada

"Em nossa vida diária, noventa e nove por cento dos nossos pensamentos são egocentrados. 'Por que eu sofro? Por que eu tenho problemas?'"

Descobri que é necessário, absolutamente necessário, acreditar no nada. Isto é, temos de acreditar em algo que não tem forma nem cor – em algo que existe antes de toda forma e cor aparecerem. Este é um ponto muito importante. Qualquer que seja o deus ou doutrina em que acreditemos, se nos apegarmos a eles, nossa crença estará baseada numa ideia mais ou menos egocentrada. Você labuta por uma fé perfeita para se salvar. Mas leva tempo alcançar uma fé perfeita. Você se envolverá numa prática idealista. Na busca constante de realizar seu ideal, não terá tempo para a serenidade. Mas, se você estiver sempre preparado para aceitar tudo o que vê como emergindo do nada, sabendo que há alguma razão para a existência fenomênica de tal forma ou cor, então você terá perfeita serenidade.

Quando você tem dor de cabeça, há uma razão para isso. Se você sabe por que tem dor de cabeça, sente-se melhor. Mas se não o sabe, poderá dizer: "Ah! Estou com uma dor de cabeça terrível. Talvez seja porque minha prática está sendo mal feita. Se minha meditação ou prática Zen fosse melhor, eu não teria este tipo de problema". Quando você interpretar sua condição de saúde dessa maneira, não terá perfeita confiança em si ou em sua prática até alcançar a perfeição. Você estará tão ocupado tentando que, eu receio, não sobrará tempo para atingir a prática perfeita; assim, terá de suportar sua dor de cabeça o tempo todo! Essa é uma forma um tanto tola de praticar. Essa maneira de praticar não vai funcionar. Mas se você acredita em alguma coisa que existe desde antes de sua dor de cabeça, e se você conhece a razão pela qual tem dor de cabeça, então vai se sentir melhor naturalmente. Está bem ter dor de cabeça, porque você é saudável o bastante para ter uma dor de cabeça. Se você tem dor de estômago, seu estômago é suficientemente saudável para ter dores. Mas se seu estômago se acostumar a um funcionamento precário, você não terá dores. Isso é terrível! Chegar ao fim de sua vida por problemas de estômago.

Assim, pois, é absolutamente necessário para cada um acreditar no nada. Mas isso não significa niilismo. Algo existe; porém esse algo está sempre pronto para assumir alguma forma particular e tem certas regras, princípios ou verdade em sua atividade. Isto se chama natureza de Buda ou o próprio Buda. Quando tal existência é personificada, a chamamos de Buda; quando a compreendemos como verdade última a chamamos de Darma; e quando aceitamos a verdade e agimos como parte do Buda, ou de acordo com os princípios, denominamos a nós mesmos de *Sangha*.* Embora haja três formas de Buda, são uma só existência sem forma ou cor, sempre pronta para tomar forma e cor.

* *Sangha:* a comunidade de praticantes budistas.

Isto não é apenas teoria. Isto não é apenas o ensinamento do budismo. Isto é a compreensão absolutamente necessária da nossa vida. Sem tal compreensão, nossa religião não nos ajudará. Estaremos atados a nossa religião e teremos mais problemas por sua causa. Se você se torna vítima do budismo, eu posso ficar muito feliz, mas você nem tanto. Assim, este tipo de compreensão é muito, muito importante.

Enquanto estiver praticando *zazen* no escuro da madrugada, pode ouvir a chuva caindo no telhado. Mais tarde, uma bruma maravilhosa deslizará por entre as grandes árvores e, mais tarde ainda, quando as pessoas começarem a trabalhar, verão as belas montanhas. Mas algumas pessoas ficarão aborrecidas ao ouvirem a chuva pela manhã, quando ainda deitadas na cama, porque não sabem que mais tarde verão a beleza do sol despontando no leste. Se nossa mente estiver concentrada em nós mesmos, teremos este tipo de preocupação. Mas, se aceitarmos a nós mesmos como a personificação da verdade, ou da natureza de Buda, não teremos preocupações. Pensaremos: "Agora está chovendo, mas não sabemos o que acontecerá no momento seguinte. Talvez à hora de sairmos, o dia esteja belo ou tempestuoso. Como não sabemos, apreciemos agora o som da chuva". Esta é a atitude correta. Se você se vê como uma personificação temporária da verdade, não terá qualquer dificuldade. Você apreciará o que está à sua volta e apreciará a você mesmo como uma parte maravilhosa da grande atividade de Buda, ainda que em meio às dificuldades. Este é o nosso modo de viver.

Usando a terminologia budista, deveríamos começar pela iluminação, prosseguir com a prática e então com o pensamento. Em geral, o pensar é um tanto egocêntrico. Em nossa vida diária, noventa e nove por cento de nossos pensamentos são egocentrados: "Por que eu sofro? Por que eu tenho problemas?" Este tipo de pensamento constitui noventa e nove por cento do nosso pensar. Por exemplo, quando começamos a estudar ciência ou a ler um sutra difícil, logo ficamos sonolentos ou entorpecidos. Mas estamos sempre muito despertos e interessados quando se trata de pensamentos centrados em nós mesmos! Mas, se a iluminação ocorrer primeiro, antes do pensamento, antes da prática, seu pensamento e sua prática não estarão centrados no ego. Por iluminação quero dizer acreditar no nada, crer em algo que não tem forma nem cor, mas que está pronto para adquirir forma ou cor. Esta iluminação é a verdade imutável. É nesta verdade original que nossa atividade, nosso pensamento e nossa prática devem se fundar.

Apego e Não Apego

"Apegar-nos a algo belo é também uma atividade de Buda."

O mestre Dogen disse: "Ainda que seja meia-noite, a aurora está presente; embora a aurora chegue, ainda é noite". Este tipo de afirmação exprime a compreensão do Buda transmitida aos patriarcas e dos patriarcas a Dogen e a nós. Dia e noite não são diferentes. A mesma coisa é às vezes denominada noite, às vezes, dia. São uma só coisa.

A prática do *zazen* e a atividade diária são uma única coisa. Nós chamamos o *zazen* de vida diária, e a vida diária de *zazen*. Mas, em geral, pensamos: "Agora o *zazen* acabou e nós iremos para a atividade diária". Isso, no entanto, não é compreensão correta. Ambos são a mesma coisa. Não temos para onde escapar. Assim, na atividade deve haver calma e na calma, atividade. Calma e atividade não são diferentes.

Cada existência depende de alguma outra coisa. A rigor, não há existências individuais separadas. O que existe são muitos nomes para uma só existência. Algumas vezes, as pessoas enfatizam a unicidade, mas essa não é nossa compreensão. Nós não enfatizamos nenhum ponto em particular, nem mesmo a unicidade. A unicidade é valiosa, mas a diversidade também é maravilhosa. Ignorando a diversidade, as pessoas dão ênfase à existência única absoluta; mas esse é um entendimento unilateral; ele contém uma separação entre diversidade e unicidade. Mas unicidade e diversidade são a mesma coisa, de maneira que a unicidade deve ser apreciada em cada existência. Eis por que insistimos mais na vida diária do que em qualquer estado particular da mente. Devemos encontrar a realidade a cada momento, em cada fenômeno. Este ponto é muito importante.

O mestre Dogen disse: "Muito embora todas as coisas tenham a natureza de Buda, nós amamos as flores e desprezamos as ervas daninhas". Isto é próprio da natureza humana. Mas apegar-nos a algo belo é também uma atividade de Buda. Desprezarmos as ervas daninhas é também uma atividade de Buda. Deveríamos entendê-lo assim. Se você entende dessa maneira está certo que se apegue a algo, pois será um apego-Buda que é um não apego. Assim, no amor deve haver ódio ou não apego. E no ódio, deve haver amor ou aceitação. Amor e ódio são uma só coisa. Não devemos nos apegar apenas ao amor. Devemos aceitar o ódio. Devemos aceitar as ervas daninhas, a despeito do que possamos sentir por elas. Se você as despreza, não as ame; se você as ama, então ame-as.

Via de regra, você se censura por ser injusto com o que está a sua volta; censura sua atitude intransigente. Há uma diferença muito sutil entre a maneira usual de aceitar as coisas e a nossa maneira de aceitá-las, embora possam parecer exatamente iguais. Foi-nos ensinado que não há separação entre noite e dia, não há separação entre você e eu. Isto significa unicidade. Mas nós não enfatizamos sequer a unicidade. Sendo um, não há necessidade de enfatizá-lo.

Dogen disse: "Aprender alguma coisa é conhecer a si mesmo; estudar budismo é estudar a si próprio". Aprender alguma coisa não é adquirir algo que você não conhecesse antes. Você conhece antes mesmo de aprender. Não há qualquer hiato entre o "eu" antes de ter aprendido algo e o "eu" depois de ter aprendido algo. Não há distância entre o ignorante e o sábio. Uma pessoa tola é sábia. Uma pessoa sábia é tola. Mas, geralmente pensamos: "*Ele* é tolo e *eu* sou sábio"; ou "eu *era* tolo, mas agora *sou* sábio".

Como podemos ser sábios se somos tolos? A compreensão transmitida desde o Buda até nós é que não há qualquer diferença entre um homem tolo e um homem sábio. Assim é. Porém, se eu digo isto, as pessoas pensam que estou realçando a unicidade. Não é assim. Nós não realçamos nada. Tudo o que queremos fazer é conhecer as coisas simplesmente como elas são. Se conhecemos as coisas como elas são, não há nada a ser destacado. Não há maneira de prender algo; não há nada para prender. Não podemos realçar ponto algum. Todavia, como disse Dogen: "A flor cai, mesmo que a amemos, e a erva daninha cresce, mesmo que a desprezemos". Ainda que seja assim, essa é a nossa vida.

Nossa vida deve ser entendida dessa maneira. Então não há problemas. Porque realçamos algum aspecto particular, é que sempre temos problemas. Devemos aceitar as coisas simplesmente como elas são. É assim que entendemos todas as coisas e que vivemos neste mundo. Este tipo de experiência está além do nosso pensamento. No campo do pensamento, existe uma diferença entre unicidade e diversidade; mas, na experiência real, diversidade e unidade são a mesma coisa. Porque você cria uma ideia do que seja unidade ou diversidade, é que você fica aprisionado pela ideia. Por isso continua a pensar infindavelmente quando, na verdade, não há necessidade de pensar.

Emocionalmente, temos muitos problemas, mas esses problemas não são reais; são algo que foi criado; são problemas levantados pelas nossas ideias ou pontos de vista egocêntricos. É por salientarmos algo que há problemas. Mas, na realidade, não é possível salientar alguma coisa em particular. Felicidade é infelicidade; infelicidade é felicidade. Há felicidade na dificuldade e dificuldade na felicidade. Embora as maneiras de sentir sejam diferentes, elas não são realmente diferentes; na essência são a mesma coisa. Esta é a verdadeira compreensão transmitida desde o Buda até nós.

Quietude

"Para o estudante Zen uma erva daninha é um tesouro."

Há um poema Zen que diz: "Depois que o vento cessa, eu vejo a flor que cai. Por causa do pássaro que canta, descubro a quietude da montanha". Antes que algo aconteça no reino da quietude, nós não sentimos a quietude; só a percebemos quando algo a perturba. Há um ditado japonês que diz: "Para a lua, há nuvem; para a flor, vento". Quando vemos parte da lua encoberta por uma nuvem, uma árvore ou uma planta, percebemos melhor quão redonda ela é. Quando vemos a lua clara sem nada que a encubra, não percebemos sua redondez do mesmo modo que a percebemos ao vê-la através de alguma outra coisa.

Quando em *zazen,* você está dentro da completa quietude de sua mente: você nada sente. Está apenas sentado. Mas a quietude que provém desse sentar irá encorajá-lo na vida cotidiana. Assim, você achará de fato o valor do Zen no dia a dia, mais do que quando se senta. Porém, isto não significa que você deva negligenciar o *zazen.* Muito embora nada sinta quando sentado, se não tiver essa experiência do *zazen,* você nada encontrará em sua vida diária exceto plantas, árvores ou nuvens: você não verá a lua. Eis por que está sempre reclamando de algo. Mas, para o estudante Zen, uma erva daninha – que para a maioria das pessoas nada vale – é um tesouro. Com tal atitude, o que quer que você faça, sua vida se torna uma arte.

Quando você pratica *zazen* não deve procurar atingir nada. Sente-se na completa quietude da sua mente e não busque apoio em coisa alguma. Mantenha o corpo reto sem inclinar-se ou apoiar-se em nada. Manter o corpo reto significa não contar com nada. Dessa maneira, você obterá completa quietude, física e mental. Contar com alguma coisa ou tentar fazer algo no *zazen* é dualismo; não é quietude total.

Na vida diária, geralmente estamos tentando fazer algo, tentando transformar uma coisa em outra ou atingir algo.

Essa tentativa é, em si mesma, expressão da nossa verdadeira natureza. O sentido reside no próprio esforço. Temos de descobrir o sentido do nosso esforço antes mesmo de atingir algo. Por essa razão, Dogen disse: "Devemos alcançar a iluminação antes de alcançá-la". Não é depois de atingir a iluminação que descobriremos seu verdadeiro significado. A própria tentativa de fazer alguma coisa já é iluminação. Quando estamos em dificuldades ou em desgraça, aí temos iluminação. Quando afundados na lama, aí devemos conservar a serenidade. Achamos muito difícil viver na fugacidade da vida, mas é só dentro da fugacidade da vida que podemos achar a alegria da vida eterna.

Prosseguindo na prática com tal compreensão, você poderá aperfeiçoar-se. Mas, se tentar atingir algo sem essa compreensão, não conseguirá trabalhar sobre isso de forma adequada. Você perderá a si próprio na luta pelo seu objetivo; nada alcançará e continuará a sofrer em meio a suas dificuldades. Com a correta compreensão, poderá fazer algum progresso. Então, faça o que fizer, ainda que não seja perfeito, isso estará baseado na sua natureza mais íntima e, pouco a pouco, alguma coisa será alcançada.

O que é mais importante: atingir a iluminação ou atingir a iluminação antes de atingi-la? Ganhar um milhão de dólares ou desfrutar a vida aos poucos com seu próprio esforço, ainda que seja impossível ganhar aquele milhão? Ter sucesso ou encontrar algum sentido em seu esforço para ser bem-sucedido? Se você não sabe a resposta, não será capaz de praticar *zazen;* se a sabe, terá encontrado o verdadeiro tesouro da vida.

Experiência, não Filosofia

"Há algo de blasfêmia em falar de como o budismo é perfeito enquanto filosofia ou ensinamento, sem saber o que ele é na realidade."

Embora muitas pessoas neste país estejam interessadas no budismo, poucas estão interessadas em sua forma pura. A maioria está interessada em estudar o ensinamento ou a filosofia do budismo. Ao compará-lo com outras religiões, apreciam quanto o budismo é satisfatório intelectualmente. Mas se o budismo é filosoficamente profundo, bom ou perfeito, não vem ao caso. Nosso propósito é manter nossa prática em sua forma pura. Às vezes, sinto que há qualquer coisa de blasfêmia em falar de como o budismo é perfeito enquanto filosofia ou ensinamento, sem saber o que ele é na realidade.

Praticar *zazen* em grupo é a coisa mais importante para o budismo – e para nós – porque esta prática é o modo de vida original. Sem conhecer a origem das coisas, não podemos avaliar o resultado do esforço de toda uma vida. Nosso esforço há de ter algum sentido. Encontrar o sentido de nosso esforço é encontrar a fonte original de nosso esforço. Não devemos nos preocupar com o resultado de nosso esforço antes de conhecer sua origem. Se a origem não for clara e pura, nosso esforço não será puro e o resultado não nos satisfará. Quando retomamos nossa natureza original e incessantemente nos esforçamos a partir dessa base, então apreciamos o resultado de nosso esforço momento após momento, dia após dia, ano após ano. Eis como devemos apreciar a vida. Aqueles que se apegam apenas ao resultado de seu esforço não terão qualquer oportunidade de apreciá-lo, porque o resultado nunca virá. Mas se, momento após momento, seu esforço emergir de sua origem pura, tudo quanto você fizer será bom, e você ficará satisfeito com qualquer coisa que faça.

A prática do *zazen* é a prática em que retomamos nossa forma pura de viver, para além de qualquer ideia de posse, fama ou lucro. Pela prática, conservamos nossa natureza original tal qual ela é. Não há necessidade de intelectualizar acerca do que é nossa natureza pura, original, mesmo porque está além de nosso entendimento intelectual. Não há necessidade de apreciá-la, porque está além de nossa apreciação. Assim, apenas sentar-nos, sem qualquer ideia de ganho e com a mais pura intenção, permanecendo tão tranquilos como a nossa natureza original – esta é nossa prática.

No *zendô,* nada há que seja decorativo. Apenas chegamos e nos sentamos. Depois de comunicar-nos uns com os outros, vamos para casa e retomamos nossa atividade diária como uma continuidade de nossa prática pura, apreciando nosso modo de vida verdadeiro. Contudo, isto é muito pouco usual. Onde quer que eu vá as pessoas me perguntam: "O que é budismo?", com seus cadernos preparados para anotar minha resposta. Vocês podem imaginar como eu me sinto! Mas, aqui, só praticamos *zazen.* É tudo o que fazemos e somos felizes nesta prática. Para nós, não há necessidade de entender o que é o Zen. Nós praticamos *zazen.* Assim, para nós não há necessidade intelectual de saber o que é o Zen. Isto, penso eu, é muito incomum para a sociedade americana.

Nos Estados Unidos existem muitos modos de vida e muitas religiões; assim, parece bastante natural falar sobre as diferenças entre as várias religiões e comparar umas com as outras. Mas, para nós, não há necessidade de comparar budismo e cristianismo. Budismo é budismo, e budismo é a nossa prática. Quando praticamos com uma mente pura, nem sequer sabemos o que estamos fazendo. Assim, não podemos comparar nosso caminho com qualquer outra religião. Algumas pessoas podem dizer que zen-budismo não é religião. Talvez seja assim, ou talvez o zen-budismo seja uma religião anterior à religião. Desse modo, não seria uma religião no sentido usual. Mas é maravilhoso e, embora não o estudemos intelectualmente, embora não tenhamos catedrais nem ornamentos decorativos, podemos apreciar nossa natureza original. Isto é, penso eu, bem fora do comum.

Budismo Original

"Na verdade, nós não somos da escola Soto.
Somos apenas budistas. Não somos sequer zen-budistas.
Se entendermos isso, seremos verdadeiramente budistas."

Andar, ficar de pé, sentar e deitar são as quatro atividades ou maneiras de se comportar no budismo. O *zazen* não é uma dessas quatro maneiras de se comportar e, de acordo com o mestre Dogen, a tradição Soto não é uma das muitas escolas de budismo. A Soto chinesa pode ser uma entre as várias escolas de budismo, mas, para Dogen, seu próprio caminho não era uma dessas escolas. Se assim é, você pode perguntar por que damos importância à postura sentada ou a ter um mestre. A razão é que o *zazen* não é exatamente uma das quatro maneiras de se comportar. *Zazen* é uma prática que contém inúmeras atividades; *zazen* começou antes mesmo do Buda e prosseguirá para sempre. Portanto, essa postura sentada não pode ser comparada às outras quatro atividades.

Em geral, as pessoas dão ênfase a alguma atitude particular ou a algum entendimento particular do budismo e pensam: "Isto é budismo!" Mas, não podemos comparar nosso caminho com as práticas que as pessoas usualmente entendem. Nosso ensinamento não pode ser comparado com outros ensinamentos do budismo. Eis por que devemos ter um mestre que não se apegue a qualquer entendimento particular do budismo. O ensinamento original do Buda abarca as várias escolas. Como budistas, nosso esforço tradicional deve ser como o do Buda: não devemos nos apegar a qualquer escola ou doutrina particulares. Mas, em geral, se não temos um mestre e nos orgulhamos de nosso próprio entendimento, perdemos a característica original do ensinamento do Buda, que abarca os vários ensinamentos.

Porque o Buda foi o fundador destes preceitos, as pessoas denominaram budismo seus ensinamentos. Mas, na verdade, o budismo não é algum ensinamento particular. Budismo é apenas a Verdade que abarca as diversas verdades. A prática do *zazen* inclui as diversas atividades da vida. Logo, em verdade não enfatizamos apenas a postura sentada. O modo como sentamos é o modo como agimos. Sentando, estudamos como agir: esta é a atividade fundamental para nós. Por isso praticamos *zazen* desta forma. Embora pratiquemos *zazen*, não devemos nos intitular escola Zen. Apenas praticamos *zazen*, tomando o Buda como exemplo; é por isso que praticamos. O Buda nos ensinou como agir através de nossa prática; por isso nos sentamos.

Fazer algo, viver cada momento, significa ser a atividade temporal do Buda. Sentar deste modo é ser o próprio Buda; é ser como o Buda histórico foi. O mesmo se aplica a tudo o que fazemos. Tudo é atividade de Buda. Portanto, seja lá o que você fizer, ou mesmo deixar de fazer, o Buda está nessa atividade. Como as pessoas não têm tal compreensão do Buda, pensam que o que fazem é o que há de mais importante, sem saberem quem é que realmente o está fazendo. Pensam que estão fazendo muitas coisas, mas, de fato, o Buda está fazendo tudo. Cada um de nós tem seu próprio nome, mas esse é apenas um dos vários nomes daquele único Buda. Cada um de nós tem muitas atividades, mas elas são todas atividades de Buda. Sem saber isto, as pessoas dão ênfase a uma determinada atividade. Quando dão ênfase ao *zazen*, não é verdadeiro *zazen*. Aparentemente, estão sentadas da mesma forma que o Buda, mas há uma grande diferença na compreensão que têm da nossa prática. Para elas, esta postura sentada é apenas uma das quatro atividades básicas do homem e pensam: "Agora vou adotar esta postura". Mas *zazen* é todas as posturas, e cada postura é postura de Buda. Esta é a compreensão correta da postura do *zazen*. Se você pratica deste modo, é budismo. Este é um ponto muito, muito importante.

Assim, Dogen não se apresentava como mestre ou discípulo Soto. Dizia: "Os outros podem nos chamar escola Soto, mas não há razão para chamarmos a nós próprios Soto. Você não deve nem mesmo usar o nome Soto". Nenhuma escola deve se considerar uma escola separada. Deve ser apenas uma forma tentativa de budismo. Enquanto as várias escolas não aceitarem este tipo de compreensão, enquanto continuarem a intitular-se com nomes particulares, devemos aceitar o nome tentativo Soto. Mas quero deixar este ponto bem claro. Na verdade, não somos escola Soto, em absoluto. Somos apenas budistas. Não somos sequer zen-budistas. Somos budistas. Se assim entendermos este ponto, seremos verdadeiramente budistas.

O ensinamento do Buda está por toda parte. Hoje está chovendo. Isto é ensinamento do Buda. As pessoas acreditam que seu caminho, ou que seu próprio entendimento religioso, é o caminho do Buda, ignorando o que estão ouvindo, o que estão fazendo ou onde estão. Religião não é ensinamento particular nenhum. Religião está por toda parte. Temos que entender nosso ensinamento desta maneira. Devemos deixar de lado tudo sobre qualquer ensinamento particular; não devemos perguntar qual é bom ou mau. Não deveria haver ensinamento particular algum. O ensinamento está em cada momento, em toda existência. Este é o verdadeiro ensinamento.

Além da Consciência

"Praticar é perceber a mente pura dentro da ilusão. Se você tentar expulsar a ilusão, ela persistirá ainda mais. Diga simplesmente: 'Ah!, isto é apenas ilusão', e não se deixe perturbar por ela."

Devemos estabelecer nossa prática onde não há prática ou iluminação. Enquanto praticarmos *zazen* onde há prática e iluminação, não teremos possibilidades de obter uma paz perfeita para nós mesmos. Em outras palavras, devemos acreditar firmemente em nossa verdadeira natureza. Nossa verdadeira natureza está além da nossa experiência consciente. É só em nossa experiência consciente que encontramos prática e iluminação, ou bom e mau. Mas, tenhamos ou não experiência da nossa verdadeira natureza, o que lá existe, além da consciência, existe verdadeiramente, e é lá que devemos estabelecer as bases de nossa prática.

Nem sequer ter boas coisas em mente é muito bom. O Buda disse algumas vezes: "Você deve ser desta maneira, não deveria ser daquela". Mas, ter em mente o que ele disse não é muito bom. É uma espécie de carga para você e talvez não se sinta bem com isso. Na verdade, nutrir um pouco de má vontade pode ser até melhor do que ter em mente alguma ideia do que seja bom ou do que deva ser feito. Ter alguma ideia marota em mente às vezes é muito agradável. Isso é verdade. Bom e mau não vêm ao caso. O que importa é se você consegue ou não criar paz em você mesmo e se permanece nela ou não.

Quando tem algo na consciência, você não está em perfeita serenidade. O melhor caminho para uma serenidade perfeita é pôr tudo de lado. Então sua mente estará em paz, aberta e clara o bastante para ver e sentir as coisas como elas são, sem nenhum esforço. O melhor meio de encontrar uma perfeita serenidade é não reter qualquer ideia das coisas, sejam quais forem – esquecer tudo sobre elas, sem deixar qualquer vestígio ou sombra de pensamento. Mas, se tentar deter sua mente ou ir além da atividade consciente, isto será outra carga para você. "Tenho que parar a mente durante a prática, mas não consigo. Minha prática não está sendo boa." Este tipo de ideia também é uma maneira errada de praticar. Não tente parar sua mente, deixe tudo como está. Então, as coisas não ficarão por muito tempo em sua mente. Assim como as coisas vêm, elas se vão. Aí, finalmente, a mente manter-se-á clara e vazia por bastante tempo.

Portanto, ter uma firme convicção na vacuidade original de sua mente é o que há de mais importante na sua prática. Nos escritos budistas, muitas vezes usamos extensas analogias com o propósito de descrever a mente vazia. Algumas vezes usamos um número astronomicamente grande, tão grande que é impossível de contar. Isto significa abrir mão de calcular. Se é tão grande que não dá para contar, então você perderá o interesse e finalmente desistirá. Tal descrição também pode dar lugar a certo interesse pelo número incontável, o que o ajudará a parar de pensar com sua mente pequena.

Mas, é quando você se senta em *zazen* que terá a mais pura e genuína experiência do estado vazio da mente. Na realidade, o vazio da mente nem mesmo é um estado da mente, mas a essência original da mente que o Buda e o Sexto Patriarca experimentaram. "Essência da mente", "mente original", "face original", "natureza de Buda", "vacuidade" – todas essas palavras significam a quietude absoluta de nossa mente.

Você sabe como descansar fisicamente. Você não sabe como descansar mentalmente. Muito embora você se deite na cama, sua mente continua ocupada; mesmo que você durma, sua mente estará ocupada sonhando. Sua mente está sempre em intensa atividade. Isso não é nada bom. Deveríamos saber como abandonar nossa mente pensante, nossa mente ocupada. Para ir além da nossa faculdade de pensar, é necessário ter uma firme convicção do vazio da mente. Acreditando com firmeza no perfeito repouso de nossa mente, deveríamos retomar nosso puro estado original.

O mestre Dogen disse: "Você deve basear sua prática em sua ilusão". Mesmo que você pense estar na ilusão, sua mente pura está aí presente. Praticar é perceber a mente pura dentro da ilusão. Se você tiver mente pura, mente essencial dentro da sua ilusão, a ilusão desaparecerá. Ela não pode permanecer quando você diz: "Isto é ilusão!" Ela ficará muito envergonhada e fugirá. Portanto, você deve assentar sua prática em sua ilusão. Ter ilusão é prática. Isto é atingir a iluminação antes de atingi-la. Embora não se aperceba dela, você já a possui. Assim, quando você diz: "Isto é ilusão", isto já é, em si, a própria iluminação. Se você tentar expulsar a ilusão, ela persistirá ainda mais, e sua mente ficará cada vez mais ocupada tentando lutar com ela. Isso não é bom. Simplesmente diga: "Ah! isto é apenas ilusão", e não se deixe perturbar por ela. Quando você observa a ilusão, possui a mente verdadeira, sua mente calma e tranquila. Quando começa a lutar com ela, você fica comprometido com a ilusão.

Portanto, quer atinja ou não a iluminação, simplesmente sentar-se em *zazen* já é suficiente. Quando você procura atingir a iluminação, então você carrega um grande peso na mente. Sua mente não estará clara o bastante para ver as coisas como elas são. Se você vê realmente as coisas como são, então as verá como elas deveriam ser. Por um lado, deveríamos alcançar a iluminação – é assim que as coisas deveriam ser. Mas, por outro, enquanto seres físicos, na realidade é bastante difícil alcançar a iluminação – é assim que as coisas são realmente neste momento. Mas, se começamos a sentar-nos, ambos os lados de nossa natureza emergirão e veremos as coisas como elas são e, também, como deveriam ser. Porque agora mesmo não somos bons, queremos ser melhores, mas quando alcançamos a mente transcendental vamos além das coisas como elas são e como deveriam ser. No vazio da nossa mente original elas são uma coisa só, e aí encontramos nossa perfeita serenidade.

Em geral, é no campo da consciência que a religião se desenvolve, buscando aperfeiçoar sua organização, construindo belos edifícios, criando música, elaborando uma filosofia e assim por diante. Essas são atividades religiosas do mundo consciente. Mas o budismo enfatiza o mundo da inconsciência. A melhor maneira de desenvolver o budismo é sentar em *zazen* – simplesmente sentar-se, com a firme convicção em nossa verdadeira natureza. Essa maneira é muito melhor do que ler livros ou estudar a filosofia do budismo. É claro que é preciso estudar a filosofia – isso fortalecerá sua convicção. A filosofia budista é tão universal e lógica que não se trata apenas de filosofia do budismo, mas da própria vida. O propósito do ensinamento budista é apontar para a própria vida que existe para além da consciência em nossa pura mente original. Todas as práticas budistas foram estabelecidas para proteger este ensinamento verdadeiro, não para propagar o budismo de alguma forma mística maravilhosa. Portanto, quando falamos de religião, devemos fazê-lo da maneira mais habitual e universal. Não devemos tentar difundir nosso caminho por meio de um maravilhoso pensamento filosófico. De certa forma, o budismo é bastante polêmico e tem um certo espírito de controvérsia, porque o budista deve proteger seu caminho das interpretações místicas ou mágicas da religião. Mas a discussão filosófica não é o melhor meio de compreender o budismo. Se você quer ser um verdadeiro budista, a melhor coisa a fazer é sentar-se. Somos muito afortunados por termos um lugar para sentar desta forma. Quero que vocês tenham uma firme, ampla e imperturbável convicção, em seu *zazen*, do simples sentar. Apenas sentar, isso é suficiente.

Iluminação do Buda

"Se você se orgulha de suas conquistas ou desanima por causa de seu esforço idealista, sua prática o confinará atrás de uma espessa parede."

Estou muito contente por estar aqui, no dia em que o Buda atingiu a iluminação sob a árvore Bo. Quando atingiu a iluminação sob a árvore Bo, ele disse: "É maravilhoso ver a natureza de Buda em tudo e em cada indivíduo!" O que ele quis dizer é que, quando praticamos *zazen*, temos a natureza de Buda e cada um de nós é o próprio Buda. Por prática, não quis dizer apenas sentar-se sob a árvore Bo ou sentar-se na postura de lótus. É verdade que esta é a postura básica e o caminho original para nós; mas, na realidade, o que o Buda quis dizer é que montanhas, árvores, água corrente, flores e plantas – tudo do jeito que é – é o caminho de Buda. Quer dizer, tudo é atividade de Buda, cada coisa a seu próprio modo.

Mas o modo como cada coisa existe não é para ser entendido por ela mesma, na sua própria esfera de consciência. O que vemos ou o que ouvimos é só uma parte, ou uma ideia limitada, daquilo que realmente somos. Mas, quando apenas somos – cada qual existindo simplesmente a seu modo – estamos expressando o próprio Buda. Em outras palavras, quando fazemos algo do mesmo modo como praticamos *zazen*, então há o caminho ou a natureza de Buda. Quando perguntamos o que é a natureza de Buda, ela desaparece; mas, quando praticamos *zazen* temos disso uma compreensão completa. A única maneira de compreender a natureza de Buda é simplesmente praticar *zazen*, simplesmente estar aqui, tal como somos. Portanto, o que o Buda quis dizer por natureza de Buda era estar aí tal como ele era, para além do domínio da consciência.

A natureza de Buda é nossa natureza original; nós a possuímos antes de praticar *zazen* e antes de reconhecê-la em termos de consciência. Portanto, nesse sentido, o que quer que façamos é atividade de Buda. Se você pretende entendê-la, não pode entendê-la. Quando desistir de tentar entendê-la, a verdadeira compreensão estará aí presente, sempre. Geralmente, depois do *zazen* eu dou uma palestra, mas a razão pela qual as pessoas vêm até aqui não é apenas para me ouvir falar, mas para praticar *zazen*. Não devemos nunca esquecer isto. A razão de minha fala é encorajá-los a praticar *zazen* à maneira do Buda. Assim, dizemos que, embora você tenha a natureza de Buda, se estiver dominado pela ideia de fazer ou não *zazen*, ou se não puder admitir que você é Buda, então não entenderá nem a natureza de Buda, nem o *zazen*. Mas quando você pratica *zazen* da mesma forma que o Buda o fez, você entende o que é o nosso caminho. Não falamos muito, mas através de nossa atividade nós nos comunicamos uns com os outros, intencionalmente ou não. Sempre devemos estar alertas o bastante para comunicar-nos com ou sem palavras. Quando não compreendemos esta questão, perdemos o mais importante do budismo.

Aonde quer que vamos, não devemos perder este modo de vida. É o que se chama "ser Buda" ou "ser o senhor de si". Aonde quer que vá, você deve ser senhor do que o rodeia. Isto significa que você não deve perder seu caminho. Isto se chama Buda, porque se você existir sempre dessa maneira, você é o próprio Buda. Sem procurar ser Buda, você é Buda. Eis como alcançamos a iluminação. Alcançar a iluminação é estar sempre com o Buda. Repetindo incessantemente a mesma coisa, adquiriremos este tipo de compreensão. Mas, se esta questão lhe escapar e você se orgulhar de suas conquistas ou desanimar por causa de seu esforço idealista, sua prática o confinará atrás de uma espessa parede. Não devemos nos deixar aprisionar por uma parede construída por nós mesmos. Assim, quando for hora de *zazen*, simplesmente levante-se e vá sentar-se com seu mestre, converse com ele, ouça-o e vá de novo para casa. Este procedimento é a nossa prática. Deste modo, sem qualquer ideia de conquista, você é sempre Buda. Esta é a verdadeira prática do *zazen*. Então, você poderá compreender o verdadeiro significado da primeira declaração do Buda: "Veja a natureza de Buda nos diferentes seres e em cada um de nós".

Epílogo

MENTE ZEN

"Antes que a chuva pare podemos ouvir o trinar de um pássaro. Mesmo sob o peso da neve vemos campânulas brancas e alguns rebentos."

Aqui, na América do Norte, não podemos definir os zen-budistas da mesma maneira como no Japão. Os estudantes americanos não são monges e não são inteiramente leigos. Que vocês não sejam monges é fácil de entender, mas que não sejam exatamente leigos já é mais difícil. Acho que são especiais e querem uma prática especial que não é exatamente a do monge, mas tampouco é a do leigo. Vocês estão a caminho de descobrir uma forma apropriada de viver. Penso que assim é nossa comunidade Zen, nosso grupo aqui.

Mas também devemos saber o que é o nosso caminho original indiviso e o que é a prática de Dogen. O mestre Dogen disse que alguns podem atingir a iluminação e outros não. Essa é uma questão que muito me interessa. Embora todos sigamos a mesma prática fundamental e a realizemos da mesma forma, alguns atingirão a iluminação e outros não. Isto significa que, mesmo que não tenhamos qualquer experiência de iluminação, se sentarmos de maneira adequada, com atitude e compreensão da prática corretas, isto é Zen. O ponto principal é praticar com seriedade, e a atitude mais importante é compreender e ter confiança na mente grande.

Dizemos "mente grande" ou "mente pequena" ou "mente de Buda" ou "mente Zen", e essas palavras significam algo, vocês sabem, mas algo que não podemos e não devemos tentar entender em termos de experiência. Falamos sobre a experiência de iluminação, mas não é uma experiência que possa ser formulada em termos de bom ou mau, tempo ou espaço, passado ou futuro. É uma experiência ou consciência que está além dessas distinções e sentimentos. Por isso não devemos perguntar: "O que é experiência de iluminação?" Tal pergunta significa que você não sabe o que é a experiência Zen. A iluminação não pode ser indagada pelo modo ordinário de pensar. Quando você não estiver envolvido nesse modo de pensar, terá alguma chance de entender o que é a experiência Zen.

A mente grande na qual devemos confiar não é algo que se possa experimentar objetivamente. É algo que está sempre com você, sempre ao seu lado. Seus olhos estão junto de você, por isso não os pode ver e seus olhos não podem ver a si próprios. Os olhos só vêm as coisas externas, os objetos. Se você reflete sobre si mesmo, este si mesmo já não é o verdadeiro si mesmo. Você não pode projetar a si mesmo como alguma coisa objetiva para pensar a respeito. A mente que está sempre a seu lado não é apenas a sua mente, é a mente universal, sempre a mesma e não distinta de qualquer outra mente. É a mente Zen. É a grande, grande mente. Está em qualquer coisa que se vê. Sua mente verdadeira está sempre com tudo quanto se vê. Embora você não conheça sua própria mente, ela está ali – no exato momento que você vê alguma coisa, ali está ela. Isto é muito interessante. Sua mente está sempre com as coisas que você observa. Assim, essa mente é ao mesmo tempo todas as coisas.

A mente verdadeira é a mente observadora. Não se pode dizer: "Isto sou eu mesmo, minha mente pequena ou minha mente limitada, e aquilo é a mente grande". Isto é limitar-se a si mesmo, restringir sua verdadeira mente, fazer de sua mente um objeto. Bodhidharma disse: "Para ver um peixe você tem de observar a água". Na verdade quando você vê a água, você vê o verdadeiro peixe. Antes de ver a natureza de Buda você tem que observar a própria mente. Quando você vê a água ali está a verdadeira natureza. A verdadeira natureza é observar a água. Quando você diz: "Meu *zazen* é muito pobre", eis aí a verdadeira natureza, mas você, tolamente, não a percebe. Você a ignora propositalmente. Há uma imensa importância no "eu" com o qual você observa sua mente. Este eu não é o "grande eu"; é o "eu" incessantemente ativo, sempre nadando, sempre voando pelo vasto espaço com suas asas. Por asas quero dizer pensamento e atividade. O vasto céu é o lar, meu lar. Não há pássaro, nem ar. Quando o peixe nada, a água e o peixe são o peixe. Não há nada a não ser peixe. Compreende? Você não pode encontrar a natureza de Buda por vivissecção. A realidade não pode ser apreendida pela mente pensante ou senciente. Observar sua postura, observar sua respiração, momento após momento, é a verdadeira natureza. Além deste ponto não há segredo algum.

Nós, budistas, não concebemos que tudo seja apenas matéria, ou apenas mente, ou produto de nossa mente ou que a mente seja atributo do ser. O que estamos sempre falando é que mente e corpo, mente e matéria são sempre uma coisa só. Mas se você não ouve com atenção soa como se estivéssemos falando sobre algum atributo do ser, ou acerca de algo "material" ou "espiritual". Esta, talvez, seja uma versão possível. Mas, na realidade, o que estamos indicando é a mente que está sempre ao lado, que é a verdadeira mente. A experiência de iluminação é descobrir, compreender, perceber esta mente que está sempre conosco e que não podemos ver. Compreendem? Se tentar alcançar a iluminação do mesmo modo como vê uma estrela brilhante no céu, será bonito e talvez pense: "Ah, isto é iluminação". Mas não é. Tal compreensão é literalmente uma heresia. Mesmo que não o saiba, neste tipo de compreensão você está abrigando a ideia de apenas matéria. Muitas das experiências de iluminação são assim: algo apenas material, algum objeto da mente, como se através de uma boa prática você tivesse encontrado aquela estrela brilhante. Esta é a concepção de sujeito e objeto, e não é a maneira certa de se buscar a iluminação.

A escola Zen baseia-se em nossa natureza real, em nossa mente verdadeira, tal como é expressa e manifesta na prática. O Zen não depende de um ensinamento especial, nem substitui o ensino pela prática. Praticamos *zazen* para exprimir nossa verdadeira natureza, não para atingir a iluminação. O budismo de Bodhidharma é ser a prática, ser a iluminação. No início talvez seja uma espécie de crença, porém mais tarde torna-se algo que o estudante sente ou já tem. Práticas físicas e regras não são fáceis de entender, particularmente, quiçá, para os norte-americanos. Vocês têm uma concepção de liberdade voltada para a liberdade física, a liberdade de ação. Essa ideia lhes causa uma certa aflição mental e perda de liberdade. Vocês pensam que querem limitar seus pensamentos porque acham que alguns deles são desnecessários, dolorosos ou emaranhados; mas não pensam em limitar suas atividades físicas. Esta é a razão pela qual Hyakujo estabeleceu as regras e o modo de viver o Zen na China. Seu interesse era exprimir e transmitir a liberdade da verdadeira mente. A mente Zen é transmitida em nosso modo Zen de viver baseado nas regras de Hyakujo.

Penso que precisamos de um modo de viver enquanto grupo e enquanto estudantes Zen nos Estados Unidos, e que, da mesma maneira que Hyakujo estabeleceu o modo de vida monástica na China, temos que estabelecer a forma norte-americana de vida Zen. Não digo isto brincando, falo sério. Mas não quero ficar muito sério. Se nos tornamos sérios demais perdemos o caminho. Se brincamos, também. Aos poucos, com paciência e persistência devemos encontrar o caminho adequado para nós, o modo de viver conosco mesmo e com os outros. Por essa trilha descobriremos nossos preceitos. Se praticamos com afinco, nos concentramos no *zazen* e organizamos nossa vida de modo a poder sentar bem, descobriremos o que estamos fazendo. Mas temos que ser cuidadosos nas regras e no modo em que se estabelecem. Se elas forem demasiadamente estritas, você falhará; se forem muito frouxas não funcionarão. Nosso caminho deve ser estrito o suficiente para que tenha autoridade, uma autoridade que todos possam obedecer. As regras devem ser passíveis de serem cumpridas. Assim foi instituída a tradição Zen, delineada pouco a pouco, criada por nós mesmos na nossa prática. Não podemos forçar nada. Contudo, uma vez definidas as regras, devemos obedecê-las por completo até que mudem. Não se trata de algo bom ou mau, conveniente ou inconveniente. Apenas faça-o, sem questionar. Dessa maneira sua mente fica livre. O importante é observar as regras sem discriminação. Assim, você conhecerá a mente Zen pura. Ter nossa própria maneira de viver significa encorajar os outros a levarem uma forma de vida mais espiritual e adequada aos seres humanos. Eu acredito que chegará o dia em que os norte-americanos terão a sua própria prática.

A única maneira de estudar a mente pura é através da prática. Nossa natureza mais profunda quer algum meio, algum veículo pelo qual expressar-se e realizar-se. Nós atendemos a esse apelo através de nossas regras, e patriarca após patriarca têm nos mostrado sua verdadeira mente, colocando à nossa disposição uma compreensão mais exata e profunda da prática. Devemos adquirir mais experiência em nossa prática. Ter, pelo menos, *alguma* experiência de iluminação. Devemos confiar na mente grande que está sempre conosco. Temos de ser capazes de apreciar as coisas como uma expressão da mente grande. Isto é mais do que fé. É a verdade última que não pode ser rejeitada. Seja difícil ou fácil de praticar, difícil ou fácil de entender, a única coisa a fazer é praticar. Ser leigo ou ser monge não vem ao caso. O que importa é descobrir-se como alguém que está realizando algo, que está reassumindo seu verdadeiro ser através da prática, reassumindo esse si próprio que está sempre com todas as coisas, com o Buda, que está completamente sustentado por tudo. Neste exato momento! Você pode dizer que isto é impossível. Mas é possível! Ainda que por um instante, você pode fazê-lo! Este instante é possível! E é este o instante! Se é possível neste instante, é possível sempre. Portanto, se você tem confiança, essa é a sua experiência de iluminação. Se tiver essa confiança firme em sua mente grande, já é um budista em seu verdadeiro sentido, mesmo que não alcance a iluminação.

Eis a razão pela qual o mestre Dogen disse: "Não esperem que todos os que praticam *zazen* alcancem a iluminação a respeito desta mente que está sempre conosco". Ele quis dizer que se você acha que a mente grande está em algum lugar fora de você, separada de sua prática, está enganado. A mente grande está sempre conosco. Por isso repito as mesmas coisas quando percebo que não entenderam. Zen não é só para aquele que pode cruzar as pernas ou tem grande habilidade espiritual. Todos têm natureza de Buda. Cada um de nós deve encontrar uma forma de realizar sua verdadeira natureza. O propósito da prática é termos uma experiência direta da natureza de Buda, comum a todos. Tudo quanto você fizer deve ser uma experiência direta da natureza de Buda. Natureza de Buda significa estar consciente da natureza de Buda. Seus esforços devem ser dirigidos para a salvação de todos os seres vivos. Se minhas palavras não bastarem, eu baterei em vocês! Então compreenderão o que quero dizer. E se não entenderem agora, algum dia o farão. Algum dia vocês entenderão. Esperarei pela ilha que, conforme me disseram, está se deslocando lentamente costa acima, de Los Angeles para Seattle.

Sinto que este povo, especialmente os jovens, têm uma grande oportunidade de encontrar a verdadeira forma de vida para os seres humanos. Vocês estão bastante livres de preocupações materiais e começam a prática Zen com mente pura, com mente de principiante. Podem entender os ensinamentos do Buda exatamente como ele os deu a conhecer. Mas não devemos nos apegar a este país, ao budismo ou mesmo à nossa prática. O que devemos é ter a mente de principiante, desapegada da posse de qualquer coisa, uma mente que sabe que tudo está em processo de mudança. Nada existe a não ser momentaneamente, em sua forma e cor presentes. Uma coisa se transforma em outra e não pode ser detida. Antes que a chuva pare ouvimos o trinar de um pássaro. Mesmo sob o peso da neve vemos campânulas brancas e alguns rebentos. Já vi ruibarbos no Leste. No Japão, comemos pepino na primavera.

Posfácio, *de David Chadwick*

Quarenta anos de Mente Zen, mente de principiante

Quando Shunryu Suzuki viu a capa de *Mente Zen, mente de principiante* pela primeira vez, passou um minuto olhando tudo e observou: "Livro bom. Não fui eu que escrevi, mas parece um livro bom".

Isso foi há quarenta anos, no verão de 1970. No saguão do centro urbano do San Francisco Zen Center, ele e alguns alunos estavam em pé em torno das caixas cheias dos livros de capa dura que tinham acabado de chegar da gráfica.

Mais de quarenta anos antes, no início dos anos 1920, como jovem monge Zen budista, passeando pelas lojas do próspero centro comercial da cidade de Yokohama, Suzuki lamentava a qualidade precária do mobiliário, dos brinquedos e outros itens de exportação japoneses. Ele se perguntava por que o Japão não exportava o melhor da produção nacional. Talvez algum dia, pensou, se ele estudasse e se dedicasse sinceramente, poderia levar ao Ocidente aquilo que, na sua visão, constituía verdadeiramente o melhor que sua terra natal tinha a oferecer: o caminho de seus mestres Zen. Jamais abandonou esse ideal por completo e, por fim, quando as amarras do dever se afrouxaram e a oportunidade surgiu, tomou o avião para San Francisco levando uma pintura e uma planta escondida.

Alguns dos alunos de Suzuki não demonstraram grande entusiasmo quando do lançamento de *Mente Zen, mente de principiante*. Ele estava conosco e nos dizia para esquecermos tudo quanto ensinava nas palestras a fim de aplicarmos todo empenho na prática do *zazen* e de mindfulness. Nós estudávamos, sim, mas não considerávamos seus ensinamentos mais importantes que os sutras, as coletâneas de *koans* chineses e os demais textos budistas. As reações mais entusiastas vieram de fora de seu círculo de alunos. Hoje temos outras coletâneas de suas palestras, alguns livros sobre ele e seus ensinamentos, outras publicações e artigos falando dele ou com textos dele, e mais ainda na internet, inclusive todas as palestras gravadas de que se dispõe. Há mais de setenta grupos da sua linhagem espalhados pela América do Norte e Europa. Contudo, o renome de Shunryu Suzuki como fecundo mestre espiritual deve-se quase que inteiramente a esta única obra.

Em 2004 a editora Weatherhill, que publicou originalmente esta obra, tornou-se um selo da Shambhala. Em 2010, com esta edição especial, a Shambhala comemora os 40 anos da publicação das celebradas "Palestras informais sobre a meditação e a prática Zen".

Mais impressionante do que o constante sucesso de vendas de *Mente Zen, mente de principiante* é seu apelo universal que ultrapassa sem dificuldades os círculos budistas e entra em bibliotecas, aulas universitárias, grupos de estudo. Hoje em dia consta de quase todas as listas de modernos clássicos da espiritualidade no Ocidente. Laurence Rockefeller declarou que era seu livro de cabeceira. Sam Peckinpah, diretor de cinema, conta que o abriu certa noite e não parou de ler até raiar o dia. O técnico de basquete Phil Jackson faz referência a ele repetidas vezes em seu livro *Sacred Hoops*. Sua influência não diminuiu com o passar do tempo. Em 2000 o grupo musical Tosca, "mestres das paisagens sonorosas de luxo", lançou o álbum musical *Suzuki*, dedicado a Shunryu Suzuki. Já vi citações dele em cartões de visita, e até na lateral do pacote de leite de soja.

Em *How the Swans Came to the Lake*, uma preciosa história do budismo ocidental escrita pelo finado Rick Field, diz:

> *Mente Zen, mente de principiante* tinha um sabor fresco, matinal. Suzuki Roshi falava com uma voz escassa, despretensiosa e humorística. Era, de fato, a voz do budismo americano, diferente das anteriores, mas totalmente familiar. Quando Suzuki Roshi falava, era como se os

budistas americanos pudessem ouvir a si próprios, possivelmente pela primeira vez.

Kazuaki Tanahashi, estudioso budista e tradutor de Dogen, comenta: "Suzuki Roshi digeriu completamente os ensinamentos de Dogen e os apresentava com suas próprias palavras, de modo que se alguém estudar Dogen e ler *Mente Zen, mente de principiante* com atenção, descobrirá entre eles uma ligação invisível porém muito forte.

Muitos leitores nutrem afeto genuíno e duradouro pelo livro. Ha alguns anos, com o apoio do San Francisco Zen Center, a poetisa Genine Lentine vem trabalhando no Page Project, através do qual ela colecionou escaneamentos de páginas do livro *Mente Zen, mente de principiante*, onde as pessoas o personalizaram através de notas escritas nas margens, sublinhados em certas palavras, acréscimos de desenhos, rabiscos, cantos dobrados. "Carregado para todos os lados, passado adiante, esquecido, lido em voz alta, consultado no meio da noite, levado para o ônibus ou metrô, *Mente Zen, mente de principiante* parece envolver o leitor numa conversa direta e calorosa".

No ano passado, 50° aniversário da chegada de Suzuki aos Estados Unidos, Genine criou uma exposição na qual cada página do livro estava representada pela contribuição de alguém, selecionadas dentre centenas que lhe foram enviadas, inclusive das traduções para o tcheco, alemão, finlandês, francês, alemão, islandês, japonês, português, russo, espanhol e vietnamita. Não temos certeza de para quantos idiomas foi traduzido. Genine afirma que um aluno residente do centro urbano em San Francisco, originário da Mongólia, leu o livro em sua língua nativa, traduzido da versão russa.

A página 103 da versão original foi dedicada por Genine à "minha amiga Lee Briccetti, poetisa e diretora executiva da Poets House em Nova York. Na manhã de 11 de setembro de 2001 ela estava no terraço de seu apartamento do 31° andar, olhando para Manhattan com o livro na mão, quando leu: 'Por não conseguirmos aceitar a verdade da impermanência é que sofremos'. Foi quando ouviu o rugido do primeiro avião passando acima de seu prédio".

Lê-se de uma carta enviada ao Page Project: "Em meio ao desespero, levantei os olhos. No meu altar estava um exemplar de *Mente Zen, mente de principiante*, a contracapa iluminava suavemente o pequeno nicho. O olhar bondoso e levemente humorístico de Suzuki Roshi me comoveu até as lágrimas. Tirei o livro do altar e abri uma página à esmo. Não lembro que capítulo li. Com toda probabilidade, não faria diferença. As palavras de Suzuki Roshi desmancharam minha batalha".

De fato, a fotografia tirada por Robert Boni, que vemos na contracapa, é um ingrediente essencial. Ela está afixada em muitas paredes e geladeiras. O Rinpoche tibetano Chögyam Trungpa, que chamava Suzuki de seu "pai americano acidental", colocou a foto no altar junto com o retrato de seu mestre. A Sra. Suzuki, no entanto, não gostou dela, ao menos não da primeira vez que a viu. Perguntou-se, em voz alta, por que não tinha sido utilizada uma foto formal de seu marido em trajes cerimoniais, ao invés desta, onde ele aparecia em roupa de trabalho e com a barba por fazer.

A fotógrafa de coluna social Yvonne Lewis costumava vir com seu filho Mark, que era comediante e discípulo Zen, para ouvir as palestras de Suzuki em San Francisco. Ela comentou: "O rosto de uma pessoa sempre tem dois lados. Suzuki Roshi tinha um rosto em que um lado era tão totalmente diferente do outro que fiquei fascinada por ele. O lado que tinha a sobrancelha levantada na foto da contracapa do livro é o lado maroto, e o outro é o lado contemplativo". Richard Baker afirma que, para ele, "o lado direito de seu rosto é o da pessoa calma, normal, convencional, e o lado esquerdo com a sobrancelha levantada é o lado iluminado, que se comunica, se mostra e, admira, cético, quem é você".

O poeta estoniano Jaan Kaplinski se refere a essa foto num poema chamado "Shunryu Suzuki", que foi traduzido para o inglês em parceria com Sam Hamil.

Shunryu Suzuki
um japonês pequeno
que ensina na Califórnia
não podia ser meu professor
um dos meus não professores
pequeno fósforo aceso, saído da caixa de fósforos divina
que o vento do mar logo apagou
em algum lugar entre a Califórnia e a Estônia
em algum lugar entre o Oriente e o Ocidente
entre algum lugar e lugar nenhum
ninguém encontra o que sobrou dele
depois que o vento soprou e a maré
subiu e desceu – a areia branca
tão lisa como antes – mas seu sorriso
na contracapa de *Mente Zen, mente de principiante*
silenciosamente contaminou um livro atrás do outro na
 minha estante
e talvez até as próprias estantes e as paredes e o papel
 de parede também.

Houston Smith, decano dos estudiosos das religiões do mundo, foi um dos primeiros fãs de *Mente Zen, mente de principiante*. Seu prefácio ao livro foi incluído em edições posteriores, talvez quando saiu a edição de bolso. Explicando o que havia escrito sobre Daisetsu Teitaro Suzuki e Shunryu Suzuki naquela época, Huston me disse ao telefone:

> Na introdução a *Mente Zen, mente de principiante* aludi à minha experiência com Suzuki Roshi. Qualquer tipo de associação com Suzuki Roshi é uma alegria, como sabe. Gostaria de acrescentar algo, mas não me lembro de nada a não ser a maravilhosa aura, a paz e a presença daquele homem, o impacto que ele teve sobre mim. Sua contribuição foi imensa. Dos dois Suzukis, Daisetsu foi quem realizou a imensa conquista de trazer o Zen

e, de certa forma, o budismo mahayana aos Estados Unidos; não sozinho, pois havia Nyogen Zenzaki em Los Angeles, e o First Zen Institute em Nova York, com Mary Farkas; mas do ponto de vista do público em geral, foi praticamente sozinho. Depois veio Shunryu Suzuki, de um outro modo, pois longe de ser a figura pública que Daisetsu era, Shunryu era quieto, humilde, não queria aparecer. Acredito de fato que os dois Suzukis foram o grande impacto. Penso que eles se complementaram de modo admirável.

A comparação feita por Huston me lembra de que certa vez, num ônibus em Nova York, alguém perguntou se ele era D. T. Suzuki e Shunryo respondeu que não, que "aquele era o Suzuki grande, eu sou o Suzuki pequeno".

John Nelson, professor do departamento de religiões da University of San Francisco, que leciona Zen e Budismo, escreveu:

> O que me chamou a atenção foi a combinação de pessoa, voz e visão. A pessoa na capa do livro me olhava como que questionando meus pressupostos sobre o Zen e a realidade em geral. Sua voz escrita tinha um modo único de expressar ideias chave e explicar o obvio de modo a atribuir-lhe novo significado. O Zen não estava restrito à meditação, mas permeava todas as dimensões da vida e da consciência. Para o homem jovem que eu era então, vivendo no Kansas, dolorosamente desiludido por causa do Vietnam, dos conflitos raciais e culturais e de Watergate, o livro oferecia uma perspectiva inteiramente nova sobre a realidade e o comportamento humano.

Steve Tipton, um aluno de Suzuki que ensina Sociologia e Religião na Emory University, escreveu:

> Não obstante o gênio de sua tradução canônica e cultural, a sabedoria prática deste livro nasce de sua criação

comunitária, gerada por professor e alunos escutando e falando uns com os outros e ao se sentarem em *zazen*, andarem e trabalharem juntos todos os dias. Através do bailado desse diálogo, corporificado num modo de vida renascido depois de eras e manifestado com graça poética, surge uma voz verdadeiramente original e compassiva, tão próxima que consegue abrir nossos olhos e tocar os corações.

A popularidade desta obra não se deve tanto ao fato de que através dela as pessoas sentem que Suzuki foi formidável, mas por que o livro passa aos leitores a ideia de que eles são formidáveis. Ele acredita que você, seja quem for, consegue entender o Zen, o budismo, a realidade, a verdade, a si mesmo. Entrevistei e conversei com centenas de pessoas sobre a experiência delas com Suzuki e as lembranças que tinham dele. Vezes sem conta elas revelam que ele (e muitas vezes apenas ele) as compreendia e apreciava completamente. Esta conexão que ele estabelecia com as pessoas no contato presencial transparece de modo quase mágico em *Mente Zen, mente de principiante*. Veja as resenhas online. Há mais de 150 na Amazon. Acredito que estas sejam as mais reveladoras, pois não foram escritas por especialistas contratados para isso, mas por leitores que se sentiram movidos a partilhar suas impressões.

O budismo estava estabelecido há um bom tempo nas comunidades asiáticas americanas quando Suzuki chegou a San Francisco para servir como sacerdote aos japoneses americanos que frequentavam o Sokoji, templo Soto Zen daquela cidade. Mas apenas um punhado de ocidentais, como o poeta Gary Snyder, haviam trabalhado com um mestre e se envolvido profundamente com o *zazen*. Ao mesmo tempo, o budismo ia caminhando gradativamente de algo grandioso a se admirar de longe para algo prático que podia ser integrado à vida. *A Luz da Ásia*, uma biografia do Buda publicada em Londres (1879), vendeu mais de um milhão de exemplares e em 1928 foi transformada em filme. Os livros brilhantes que D. T. Suzuki e Alan Watts escreveram sobre o Zen e o budismo foram lidos amplamente. O livro *Buddhist Bible* escrito por Dwight Goddard inspirou Jack Kerouac, e Kerouac e seus colegas do movimento *beat* inspiraram muitos outros. Sutras indispensáveis, textos do budismo primitivo e comentários foram disponibilizados por estudiosos como Edward Conze. *Zen Flesh, Zen Bones* de Paul Reps e Nyogen Senzake é delicioso. Décadas de produção por escritores tão hábeis e dedicados prepararam o palco para o que viria a seguir – pessoas mergulhando de corpo e mente na torrente do budismo.

As publicações budistas voltavam-se agora para livros sobre a prática. A iluminação passava a ser apresentada como possibilidade real, tão próxima que quase se podia tocar. Representando este veio, temos o livro icônico de Philip Kapleau, *Os três pilares do Zen*, que saiu em 1965, e *Meditação na Ação*, de Chögyam Trungpa, em 1969. Shunryu Suzuki trouxe a ênfase do Soto Zen no sentido de que a iluminação e a prática são uma coisa só. E Rick Fields reforçou a ideia com a primeira sentença do capítulo "Os anos sessenta": "'Onde há prática, há iluminação'. Esta, acima de tudo, é a mensagem que Shunryu Suzuki Roshi trouxe aos Estados Unidos". E o que é a prática? Como afirma Suzuki em seu livro: "em vez de ter algum objeto de adoração devemos apenas nos concentrar na atividade que fazemos a cada momento".

Em *Mente Zen, mente de principiante* Suzuki começa dizendo que o objetivo da prática é sempre conservar a mente de principiante. Ilimitada e pronta para qualquer coisa, esta tabula rasa oriental não é, contudo, um ponto inicial em branco. Ele é o ponto. Trata-se da mente de pureza aberta às coisas como elas são, ou "às coisas como é", como Suzuki às vezes dizia. O primeiro professor de Suzuki, Gyoku-jun So-on, ressaltava a importância da mente de principiante, como também Dogen fazia. Isso me traz à memória a conhecida história de D. T. Suzuki sobre o mestre Zen que despejou chá na xícara já cheia de um monge visitante para ilustrar que a mente do hóspede estava tão cheia de pressupostos e opiniões que não havia lugar para aprender mais nada. E temos também a do sábio leigo rico, Vimalakirti, que tirou todos os móveis de sua casa para receber a visita de Shakyamuni Buda. A mente de principiante é a chave para despertar a mente grande, expressão favorita de Suzuki – a mente grande, a natureza absoluta ou verdadeira; não a mente pequena, produto de nossa "tola ideia do eu". Um dos discípulos mais próximos de Suzuki, Silas Hoadley, se lembra de ouvir dele no início dos anos sessenta: "Eu vim destruir a mente de vocês". Silas percebeu que a mente que seria alvo de destruição era o ego, a mente pequena, desde já uma ilusão; no entanto, Silas afirma que mesmo assim soou assustador. Suzuki lembrava como ele e seus colegas do discipulado começaram a perder a mente de principiante na adolescência – pois inocentemente viam o Zen como algo bom, especial, um meio para conseguir algo. Ele alertava sobre o perigo de se apegar a qualquer ideia, inclusive a ideia da mente de principiante.

Podemos agradecer a Marian Derby (cujo nome de casada era Marian Wisberg) por compor o primeiro rascunho desta obra, como observa Richard Baker em sua introdução. Marian, conhecida por seu nome literário, Marian Mountain, fez mais do que isso. Ela ajudou a quebrar o verdadeiro tabu de não gravar as palestras de Suzuki, pois acreditava-se que eram destinadas apenas às pessoas que estavam ali naquele momento. O Zen, dizia ele, era transmitido de mente para mente. Isto é verdade, sem dúvida, mas ele também dizia que nem sempre as coisas são assim. Depois de seis anos nos Estados Unidos, o inglês de Suzuki melhorou bastante. Devido à sua abertura, sua mente de principiante, ele acabou conhecendo mais profundamente seus alunos e o país que o recebera. Chegou o tempo de ele começar a deixar um registro daquilo que queria partilhar.

É preciso também agradecer ao pai de Marian, pois ele fez uma pergunta enquanto dava carona a Suzuki, no caminho de Los Altos até San Francisco. Perguntou qual era sua ambição pessoal e Suzuki, certamente por estar falando com alguém que não era seu discípulo, respondeu: "Gostaria de escrever um livro". Quando o pai contou isto a Marian, ela levou a sério. Conversou com Suzuki sobre gravar suas palestras e transformá--las em livro. Ele concordou. Mais ou menos na mesma época, os alunos de San Francisco também começaram a gravar. De seus ensinamentos anteriores, hoje temos cerca de 30 palestras, e entre elas algumas são apenas fragmentos. Mas de julho de 1965 até a última temporada, no final de 1971, temos cerca de 330 palestras completas transcritas, com áudio correspondente, salvo por cerca de 60. Ainda estamos encontrando fitas gravadas e transcrições que não tinham sido incluídas no arquivo de suas palestras. Infelizmente, salvo por duas gravações, perderam-se todas as demais que formaram *Mente Zen, mente de principiante*.

Embora este livro contenha as primeiras palestras gravadas de Suzuki, elas formam um conjunto admirável se comparadas às que vieram depois. Joseph Galewsky, um praticante Zen e professor de Ciências Planetárias na University of New Mexico, estudou e trabalhou com o arquivo das palestras de Suzuki. Ele observou que as palestras de meados dos anos 1960' em Los Angeles, que Suzuki sabia estarem sendo gravadas para compor um livro, são as mais claras e concisas entre as demais, e têm "aquele modo caloroso e sábio de falar sobre o Darma, que se tornou a marca registrada dos ensinamentos de Suzuki Roshi".

O sacerdote Eido Shimano, da tradição Rinzai Zen, que desde 1965 liderou a New York Zen Studies Society, me mostrou com orgulho sua cópia autografada da primeira edição de *Mente Zen, mente de principiante*. Ele tinha um sorriso nostálgico no rosto quando me disse: "Considero Suzuki Roshi não apenas um dos grandes patriarcas do Zen nos Estados Unidos, mas também me considero um de seus discípulos desconhecidos".

Outro mestre Zen que enfatizava a rigorosa prática com koans, o finado Taizan Maezumi, fundador do Zen Center de Los Angeles, me falou de Suzuki e seu legado: "Ninguém pode falar do passado. O importante não é o que aconteceu ou deixou de acontecer lá atrás. O importante é o que temos aqui, agora. Mesmo antes do século 20, sacerdotes de todas as tradições do Zen vieram para os Estados Unidos. Não sabemos exatamente o porquê, mas até a chegada dele ninguém deu início a qualquer coisa duradoura. Depois dele, muita coisa aconteceu. Isso é o que mais valorizo".

Em 2000 a editora Weatherhill publicou uma nova edição e, como no caso da primeira, não fez alarde. Richard Baker, que Suzuki escolheu como seu único herdeiro do Darma nos Estados Unidos, bem como guardião editorial de seu livro, corrigiu alguns mal-entendidos que tinham saído na sua introdução. Havia também uns poucos erros nos capítulos – um deles era que Suzuki, com seu jeito distraído, atribuiu a estória do Buda com cara de lua e do Buda com cara de sol a Ummon (Yunmen) ao invés de a Baso (Muzu), sendo que ninguém pegou o engano a tempo nem o corrigiu ao longo de 30 anos. Parece que o tradutor japonês, em sua introdução à edição japonesa, apontou o erro de Suzuki. O livro não foi bem em japonês. Suzuki foi tido pela tradição Soto Zen estabelecida naquele país como alguém supervalorizado no Ocidente, talvez por ter agido sozinho e não dentro ou através daquela instituição, que ele criticava bastante.

Fred Harriman, brilhante tradutor, com quem trabalhei e que considero especialista em assuntos nipônicos, entende que com o passar do tempo os japoneses certamente darão o devido reconhecimento a Shunryu Suzuki, pois o que ele realizou é muito importante para eles: levar algo completamente japonês ao Ocidente enraizando-o com sucesso.

Como observou Maezumi, não sabemos o que realmente aconteceu no passado mas, ao meu ver, uma hoste de pessoas invocou os anjos mais elevados para conseguir criar este livro. Marian produziu um primeiro texto chamado "Mente de principiante" que reunia a transcrição das palestras que ela tinha gravado, com um mínimo de edição. Suzuki sugeriu que ela passasse o texto para Richard, a fim de que ele o editasse. A passagem foi feita em março de 1967, na época que o Tassajara Mountain Center se preparava para o primeiro período de retiro. Quando Richard finalmente leu o manuscrito no outono seguinte, concordou que constituía bom material para um livro. Trabalhou sobre o texto por algum tempo, mas estava muito ocupado com os esforços para angariar fundos para o Zen Center e acabou pedindo a ajuda de Trudy Dixon, formada pela conceituada faculdade de Wellesley, com graduação também em Filosofia pela UC

Berkeley. Ela concordou, mesmo sendo casada, tendo dois filhos pequenos e estar lutando com um câncer de mama.

Disso resultou uma cooperação bastante estreita. Trudy e Richard se reuniam com Suzuki para esclarecer o que ele queria dizer em determinadas passagens, e os dois se encontravam para discutir qual seria a melhor maneira de expressar esse significado. Trudy dedicou as últimas forças de sua vida a esse trabalho – burilando a linguagem, organizando as palestras em três partes e decidindo sobre as epígrafes nas aberturas de capítulo. Nos últimos dias, ela continuava sentando em *zazen*, depois reclinando-se em *zazen* e por fim deitada em *zazen*. Ela é lembrada por sua inteligência, vivacidade e coragem.

Em outubro de 1968, a pedido de Suzuki, Baker foi para o Japão a fim de estudar mais sobre o Zen e a cultura na qual estava plantado. Ele foi com a esposa e filha levando o manuscrito quase pronto. Em Tóquio encontraria um editor.

Tenho diante de meus olhos a transcrição não editada da palestra que Suzuki ministrou em novembro de 1965, e ali se lê: "Em mente de principiante temos muitas possibilidades, mas em mente de especialista não tem muita possibilidade". No livro, depois de várias etapas de edição, a sentença se tornou a citação bem conhecida: "Há muitas possibilidades na mente do principiante, mas há poucas na do perito". A mensagem está inalterada, mas a leitura tornou-se mais fluida.

"Li *Mente Zen, mente de principiante*", disse Suzuki certa vez, "para ver o que meus discípulos estavam compreendendo".

No dia em que os livros chegaram, Suzuki observou um exemplar, não deu muita importância, ficou por ali um pouco e depois subiu para seu quarto com a esposa.

David Chadwick é o autor de *Crooked Cucumber: The Life and Zen Teaching of Shunryu Suzuki* (Broadway, 1999) e *Zen is Right Here: Teaching Stories and Anecdotes of Shunryu Suzuki, Author of Zen Mind, Beginners Mind* (Shambhala Publications, 2007).

As fontes das citações deste artigo, notas e mais conteúdo a respeito podem ser acessadas em http://zmbm.net

SHUNRYU SUZUKI (1904 – 1971) foi um dos mais influentes mestres espirituais do século 20, e autêntico patriarca e fundador do Zen nos Estados Unidos. Sacerdote japonês da tradição Soto Zen, ensinou nos Estados Unidos de 1959 até sua morte. Fundou o San Francisco Zen Center e o Tassajara Zen Mountain Center. É também autor de *Branching Streams Flow in the Darkness: Zen Talks on the Sandokai*. Sua biografia é narrada em *Crooked Cucumber*, de David Chadwick.

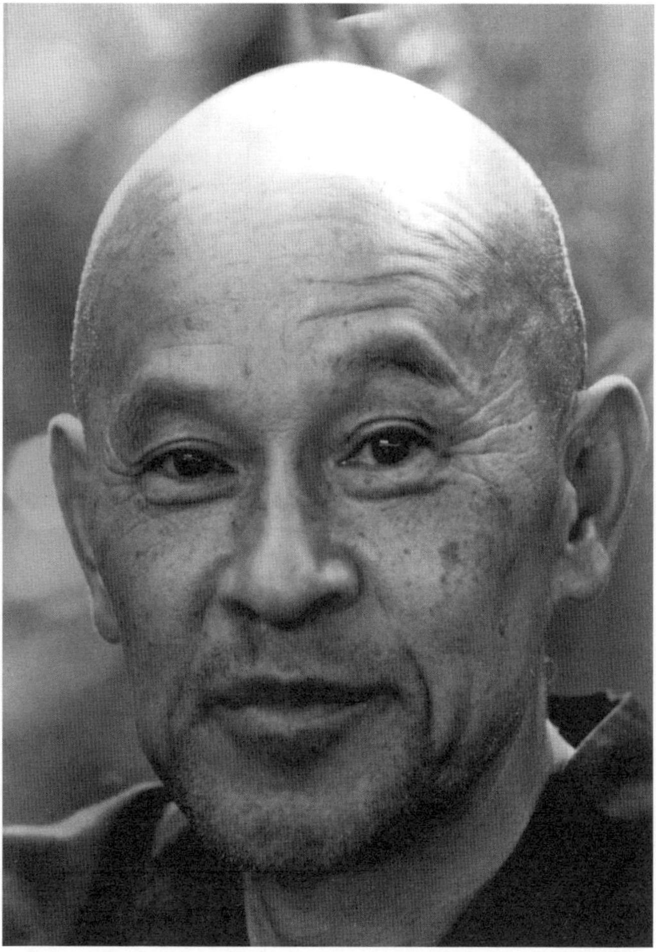

Esta obra foi composta nas fontes Schneidler e Adobe Garamond Pro e impressa em papel Avena 80gr na Gráfica Paym